LES CLÉS CACHÉES DE LA NUMÉROLOGIE

UN GUIDE COMPLET POUR DÉBUTANTS AVEC 50 TECHNIQUES SIMPLES POUR COMPRENDRE VOTRE CHIFFRE PERSONNEL ET RÉVÉLER VOTRE MISSION DE VIE

BRYCE KENDALL

Aviso Légal et Droits d'Auteur

Les Clés Cachées de la Numérologie © 2024

Bryce Kendall

Tous droits réservés.

Ce livre et son contenu sont protégés par les lois sur les droits d'auteur, tant au niveau national qu'international. Aucune partie de cette publication ne peut être reproduite, distribuée, transmise, stockée dans un système de récupération ou utilisée, en tout ou en partie, sous quelque forme ou par quelque moyen que ce soit, sans l'autorisation écrite préalable de l'auteur ou du titulaire des droits d'auteur, sauf dans les cas expressément autorisés par la législation en vigueur sur les droits d'auteur.

Déclaration de Responsabilité

Ce livre a pour but de fournir des informations générales et est conçu exclusivement à des fins éducatives et de divertissement. La numérologie est une discipline fondée sur des interprétations symboliques et ne prétend pas remplacer les conseils de professionnels qualifiés dans des domaines tels que la médecine, la psychologie, les finances, le droit ou tout autre domaine spécialisé.

Le contenu de ce livre ne doit pas être interprété comme une garantie de résultats ni ne promet de succès dans aucun domaine de la vie. L'utilisation des informations contenues dans ce livre relève de la discrétion et du risque exclusif du lecteur. Ni l'auteur ni l'éditeur ne pourront être tenus responsables de tout dommage, perte ou préjudice résultant de l'utilisation ou de l'interprétation des informations contenues dans ce livre.

Avertissement sur les Informations Contenues

Bien que tous les efforts aient été faits pour garantir que les informations présentées dans ce livre soient exactes et à jour au moment de la publication, aucune garantie n'est donnée quant à l'exactitude, l'exhaustivité ou la pertinence des informations. L'auteur et l'éditeur déclinent toute responsabilité en cas d'erreurs, d'omissions ou d'inexactitudes, ainsi que pour toute action entreprise sur la base des informations contenues dans ce livre.

Ce livre n'est pas destiné à fournir des conseils professionnels dans aucun domaine. Si vous avez besoin d'assistance dans des questions légales, médicales, financières ou tout autre domaine spécialisé, il est recommandé de consulter un professionnel qualifié.

Liens vers des Sources Externes et Références

Ce livre peut contenir des références à des sources externes, y compris des sites web, des livres ou d'autres publications. Ces références sont fournies pour la commodité du lecteur et ne constituent pas un endossement ou une approbation par l'auteur ou l'éditeur. Aucune responsabilité n'est assumée quant à la disponibilité, l'exactitude ou le contenu de ces sources externes.

Utilisation Équitable et Droits de Tiers

Le contenu de ce livre a été créé dans le respect des droits de tiers et en conformité avec les lois relatives à l'utilisation équitable. Si vous pensez que votre matériel protégé par des droits d'auteur a été utilisé de manière inappropriée, veuillez contacter l'éditeur pour résoudre toute préoccupation.

Limitation de Responsabilité

En aucune circonstance, l'auteur, les éditeurs ou leurs affiliés respectifs ne seront responsables de dommages directs, indirects, spéciaux, accidentels ou consécutifs découlant de l'utilisation de ce livre, même si la possibilité de tels dommages a été signalée. Cette limitation s'applique dans toute la mesure permise par la loi.

Modifications et Mises à Jour

L'auteur et l'éditeur se réservent le droit d'apporter des modifications, des mises à jour ou des corrections à ce livre sans préavis pour refléter de nouvelles informations, des changements dans la législation ou l'évolution des pratiques professionnelles.

INTRODUCTION À LA NUMÉROLOGIE

La numérologie est un domaine mystique qui utilise les nombres pour révéler des aspects cachés de notre vie et de notre personnalité. Ce chapitre explore les origines et l'histoire de la numérologie, explique pourquoi les nombres influencent nos vies, et décrit comment cette science ancienne s'est intégrée dans des cultures variées. En dernier lieu, nous examinerons les applications modernes de la numérologie pour la vie quotidienne.

ORIGINES ET HISTOIRE DE LA NUMÉROLOGIE

La numérologie est une discipline ancienne qui remonte à des millénaires. Ses origines sont souvent attribuées à Pythagore, célèbre mathématicien et philosophe grec du VIe siècle avant J.-C., qui croyait que tout dans l'univers pouvait être expliqué par les nombres. Pythagore ne considérait pas les nombres seulement comme des symboles mathématiques, mais comme des entités avec une vibration unique et puissante qui influençait le monde matériel et spirituel. Cette vision a jeté les bases d'une approche où chaque nombre revêt une signification particulière.

D'autres traditions ont également contribué à l'évolution de la numérologie. Dans l'Égypte ancienne, par exemple, des systèmes symboliques basés sur les nombres étaient utilisés pour interpréter les rêves et pour prédire l'avenir. De même, les civilisations mésopotamiennes et chinoises ont développé des systèmes numérologiques associés aux cycles lunaires et solaires, croyant fermement que les nombres avaient des significations sacrées et prophétiques.

À travers les siècles, la numérologie a été redéfinie par diverses cultures et croyances, mais l'idée de base reste la même : les nombres ne sont pas de simples abstractions. Ils possèdent une énergie qui, lorsqu'elle est correctement interprétée, peut révéler des vérités cachées sur notre personnalité et notre destin.

POURQUOI LES NOMBRES INFLUENCENT NOTRE VIE

Mais pourquoi les nombres auraient-ils un tel pouvoir sur nos vies? Pour comprendre cela, il est essentiel de reconnaître la nature vibratoire de l'univers. Selon la numérologie, chaque nombre a sa propre fréquence vibratoire qui résonne avec des aspects spécifiques de l'existence humaine.

Cette influence des nombres repose sur l'idée que nous sommes tous connectés à une énergie universelle, une sorte de force invisible qui régit les lois naturelles. Les nombres, en tant que manifestations de cette énergie, agissent comme des codes ou des clés d'accès à des informations universelles. Par exemple, le chiffre 1 est associé à l'indépendance et à l'initiative, tandis que le chiffre 9 évoque la compassion et l'accomplissement spirituel. En comprenant les propriétés de chaque nombre, il est possible de mieux saisir les énergies qui façonnent nos pensées, nos actions et même notre destin.

Les nombres influencent donc notre vie parce qu'ils révèlent des aspects cachés de notre être et fournissent une boussole qui peut nous guider vers une meilleure compréhension de nous-mêmes. La numérologie nous aide à décoder ces vibrations pour mieux orienter nos choix personnels et professionnels.

LA NUMÉROLOGIE À TRAVERS LES CULTURES

La numérologie est loin d'être un système universel homogène. Elle a évolué différemment à travers le monde, façonnée par les diverses cultures et philosophies. En Chine, par exemple, le chiffre 8 est particulièrement prisé pour sa sonorité semblable au mot "prospérité" en mandarin, et est souvent associé à la chance et à l'abondance. C'est pourquoi de nombreux bâtiments en

Chine comportent des étages ou des chambres avec des numéros contenant le chiffre 8.

Dans la tradition hébraïque, la Kabbale utilise les lettres de l'alphabet hébreu, qui sont associées à des valeurs numériques. Ce système numérologique, appelé "gématrie", permet de dégager des significations profondes dans les textes sacrés et d'interpréter des messages divins cachés dans les mots et les phrases.

En Inde, la numérologie est liée à l'astrologie védique et aux textes anciens comme le Veda, où chaque planète est associée à un nombre spécifique. Cette approche est souvent utilisée pour déterminer des dates propices, pour guider les gens dans leurs choix de carrière, ou encore pour des décisions importantes dans la vie comme le mariage.

Dans toutes ces cultures, la numérologie n'est pas seulement un outil d'auto-découverte, mais aussi un moyen de se connecter à quelque chose de plus grand, d'interpréter les signes qui régissent le monde, et d'aligner sa vie avec les forces universelles.

APPLICATIONS MODERNES POUR LA VIE QUOTIDIENNE

Aujourd'hui, la numérologie a évolué pour s'intégrer dans notre quotidien de multiples façons. De nombreuses personnes utilisent les chiffres comme des guides dans leurs décisions personnelles et professionnelles. Par exemple, calculer son "chemin de vie" (un chiffre obtenu à partir de sa date de naissance) permet de mieux comprendre les traits fondamentaux de sa personnalité et les défis que l'on peut rencontrer.

Les applications modernes de la numérologie sont également utilisées dans la planification de projets ou la prise de décisions stratégiques. Certains entrepreneurs choisissent des dates ou des numéros d'entreprise en fonction des énergies associées à ces chiffres pour maximiser les chances de succès. De même, la numérologie est parfois utilisée dans le développement personnel : en apprenant à connaître les vibrations de certains nombres, les individus peuvent adapter leur comportement pour aligner leurs actions avec leurs objectifs spirituels ou matériels.

La numérologie influence aussi les relations humaines. En comprenant la compatibilité entre différents chiffres, il devient possible de mieux comprendre les dynamiques d'une relation, qu'elle soit personnelle ou professionnelle. Dans ce contexte, elle aide à renforcer les liens en identifiant les forces et faiblesses de chacun.

L'aspect pratique de la numérologie réside dans sa simplicité : il ne nécessite pas de connaissances mathématiques complexes, mais une approche intuitive et une certaine ouverture d'esprit. Chaque individu peut utiliser la numérologie pour trouver des réponses à des questions profondes, pour s'aligner avec ses aspirations, et pour comprendre les cycles de sa vie.

La numérologie est bien plus qu'un ensemble de croyances basées sur les nombres : elle est une science intuitive qui, en déchiffrant les vibrations numériques, nous permet d'explorer des dimensions cachées de notre existence. Des origines anciennes jusqu'à ses applications modernes, la numérologie s'inscrit comme un guide précieux dans notre quête de sens.

Dans les chapitres suivants, nous approfondirons chaque concept clé de la numérologie pour découvrir comment chaque chiffre, chaque calcul, peut révéler une nouvelle facette de notre vie. La numérologie nous invite à un voyage d'introspection et de découverte, offrant des clés pour aligner notre vie quotidienne avec nos objectifs personnels et spirituels.

CHAPITRE UN

LES BASES DE LA NUMÉROLOGIE

La numérologie est une discipline fascinante qui repose sur la signification vibratoire des nombres. Ce chapitre vous introduit aux fondements de la numérologie en explorant la signification des chiffres de base (1 à 9), les maîtres nombres (11, 22, 33), ainsi que les concepts de vibrations numériques. Nous terminerons par une introduction aux tableaux numérologiques, qui sont des outils essentiels pour analyser les influences des nombres sur votre vie.

SIGNIFICATION DES CHIFFRES DE BASE (1 À 9)

Chaque chiffre de 1 à 9 possède sa propre signification et énergie vibratoire. Ces chiffres représentent les éléments fondamentaux de la numérologie. Comprendre ces vibrations vous aidera à mieux interpréter les autres calculs numérologiques plus complexes que nous aborderons dans les chapitres suivants.

1 - Le Leader

Le chiffre 1 symbolise le commencement, l'individualité, et la force de caractère. Ceux qui sont influencés par ce chiffre possèdent une forte volonté, de l'indépendance et un esprit pionnier. Ils ont souvent un désir naturel de diriger et de prendre des initiatives. Cependant, cette énergie peut parfois se manifester sous forme d'égocentrisme ou d'impatience.

2 - Le Diplomat

Le chiffre 2 incarne la coopération, l'harmonie et la sensibilité. Il est associé aux relations et à l'empathie. Les personnes influencées par ce chiffre sont généralement douces, aimables et diplomates. Cependant, elles peuvent parfois souffrir d'indécision ou de dépendance émotionnelle.

3 - Le Communicateur

Le chiffre 3 est le symbole de la créativité, de l'expression personnelle et de l'optimisme. Il évoque l'enthousiasme et la capacité à communiquer avec aisance. Ceux influencés par le 3 ont un esprit joyeux et optimiste, mais peuvent parfois être dispersés ou superficiels.

4 - Le Bâtisseur

Le chiffre 4 représente la stabilité, le travail acharné et la discipline. Il est associé à la construction d'une base solide, tant sur le plan personnel que professionnel. Ceux qui résonnent avec ce nombre sont généralement fiables, méthodiques, mais peuvent être parfois rigides ou trop attachés aux détails.

5 - L'Aventurier

Le chiffre 5 incarne la liberté, l'aventure et la diversité. Il évoque un esprit curieux, avide de nouvelles expériences. Les personnes influencées par ce chiffre sont souvent ouvertes d'esprit et polyvalentes, mais peuvent avoir tendance à être impulsives ou instables.

6 - Le Gardien

Le chiffre 6 symbolise la responsabilité, la famille et l'amour inconditionnel. Il est lié à l'harmonie et au service aux autres. Ceux qui possèdent cette vibration sont souvent bienveillants et protecteurs, mais peuvent parfois se montrer surprotecteurs ou trop exigeants envers eux-mêmes.

7 - Le Sage

Le chiffre 7 est associé à la réflexion, à la spiritualité et à la quête de vérité. Il incarne l'introspection et la recherche de la connaissance intérieure. Les individus influencés par ce nombre sont souvent analytiques, mais peuvent parfois être distants ou perfectionnistes.

8 - Le Réalisateur

Le chiffre 8 est le nombre de la puissance, de l'abondance et du succès matériel. Il est associé à la maîtrise des finances et à l'accomplissement professionnel. Ceux qui résonnent avec ce chiffre ont une forte détermination, mais peuvent parfois être perçus comme matérialistes ou autoritaires.

9 - L'Humaniste

Le chiffre 9 incarne la compassion, l'altruisme et l'accomplissement spirituel. Il est lié à l'idéal de servir l'humanité. Les personnes influencées par ce nombre ont souvent un esprit généreux et sont inspirées par de nobles causes, mais peuvent parfois être trop désintéressées ou idéalistes.

LES MAÎTRES NOMBRES (11, 22, 33)

En numérologie, certains chiffres possèdent une puissance vibratoire supérieure et sont appelés les "maîtres nombres". Ces nombres ne sont pas réduits à un chiffre unique lors des calculs, car ils contiennent un potentiel spirituel élevé.

11 - Le Visionnaire Spirituel

Le nombre 11 représente l'illumination, l'intuition et la sensibilité spirituelle. Il agit comme un pont entre le monde matériel et spirituel, et ceux qui possèdent cette vibration sont souvent des visionnaires dotés d'une grande sensibilité. Cependant, cette intensité peut parfois mener à de l'anxiété ou de la tension.

22 - Le Maître Bâtisseur

Le nombre 22 est considéré comme l'un des plus puissants en numérologie. Il combine la capacité visionnaire du 11 avec la praticité du 4. Les personnes influencées par le 22 sont capables de réaliser des projets ambitieux qui transforment le monde. Toutefois, ce potentiel élevé peut entraîner des pressions internes.

33 - Le Maître Enseignant

Le nombre 33 incarne l'amour inconditionnel et la responsabilité d'apporter un changement positif à grande échelle. Il est souvent appelé le "nombre du Maître enseignant", car il symbolise le service, l'abnégation et la guérison. Les individus influencés par ce nombre cherchent à élever les autres, mais peuvent parfois se sacrifier excessivement.

COMPRENDRE LES VIBRATIONS NUMÉRIQUES

Les nombres ne sont pas simplement des valeurs mathématiques ; ils portent une énergie spécifique qui influence les personnes et les situations. Lorsqu'on parle de "vibrations", on fait référence à l'impact subtil qu'un nombre peut avoir sur notre comportement, notre personnalité et même notre chemin de vie.

Les vibrations numériques sont utilisées pour analyser les dates de naissance, les noms, ou même les événements de notre vie. Par exemple, si vous commencez un projet sous une vibration de 1, il sera axé sur l'indépendance et le leadership, tandis qu'une vibration de 6 mettra l'accent sur la collaboration et l'harmonie.

INTRODUCTION AUX TABLEAUX NUMÉROLOGIQUES

Les tableaux numérologiques sont des outils essentiels pour interpréter les influences numériques qui façonnent votre vie. Ils permettent d'analyser les différentes facettes de votre personnalité en utilisant des informations telles que votre date de naissance et votre nom complet.

Les principaux éléments d'un tableau numérologique incluent :

1 Le Chemin de Vie : Dérivé de votre date de naissance, il révèle votre mission de vie et les défis que vous pourriez rencontrer.

2 Le Nombre d'Expression : Calculé à partir des lettres de votre nom complet, il met en lumière votre personnalité extérieure et la façon dont vous interagissez avec le monde.

3 Le Nombre de l'Âme : Basé sur les voyelles de votre nom, il dévoile vos désirs intérieurs et motivations profondes.

4 Le Nombre du Destin : Associé à la totalité de votre nom, il indique les opportunités et le potentiel de votre vie.

Ces tableaux vous offrent une carte complète de vos forces, de vos défis et des opportunités qui s'offrent à vous.

Les chiffres de base et les maîtres nombres sont les fondations sur lesquelles repose toute analyse numérologique. En comprenant les vibrations associées à chaque chiffre, vous pouvez commencer à explorer les subtilités de votre propre profil numérologique.

Dans le prochain chapitre, nous nous plongerons dans le **Chemin de Vie**, un des aspects les plus importants de la numérologie, pour vous aider à découvrir la mission unique qui vous est destinée.

CHAPITRE DEUX

LE CHEMIN DE VIE

L e « Chemin de Vie » est l'un des éléments les plus essentiels de la numérologie. Il s'agit du chiffre qui révèle votre mission, vos talents, et les défis que vous pourriez rencontrer tout au long de votre existence. En comprenant ce nombre, vous accédez à une carte précieuse qui vous guide sur le sentier de votre développement personnel et spirituel. Ce chapitre explore en profondeur le calcul du chemin de vie, l'interprétation des résultats, des exemples concrets d'application, et comment aligner ce chemin avec votre parcours unique.

CALCUL DU NUMÉRO DE CHEMIN DE VIE

Le chemin de vie est calculé à partir de votre date de naissance complète, car celle-ci représente le point de départ de votre voyage dans cette incarnation. Pour trouver ce nombre, vous additionnez les chiffres de votre jour, de votre mois, et de votre année de naissance, puis réduisez le total à un chiffre compris entre 1 et 9, ou à un maître nombre (11, 22, 33).

Prenons un exemple pour mieux comprendre ce calcul.

Exemple : Si vous êtes né le 14 juillet 1985 (14/07/1985) :

1 Additionnez le jour : 1 + 4 = 5.

2 Additionnez le mois : 0 + 7 = 7.

3 Additionnez l'année : 1 + 9 + 8 + 5 = 23, puis réduisez à un chiffre : 2 + 3 = 5.

4 Additionnez les résultats : 5 (jour) + 7 (mois) + 5 (année) = 17, puis réduisez à un chiffre : 1 + 7 = 8.

Dans cet exemple, le chemin de vie est 8.

Cependant, si le résultat final est 11, 22, ou 33, ces nombres ne sont pas réduits car ce sont des maîtres nombres avec des significations particulières.

INTERPRÉTATION DES RÉSULTATS

Maintenant que vous savez comment calculer votre chemin de vie, voyons ce que chaque chiffre signifie. Voici un guide pour interpréter votre résultat.

1 - L'Initiateur

Votre mission est d'explorer votre indépendance, d'exprimer votre individualité et d'apprendre à être un leader. Le chemin de vie 1 est celui des pionniers, des innovateurs et des individus qui ouvrent de nouvelles voies. Les défis peuvent inclure la lutte contre l'égocentrisme et l'impatience, mais votre plus grande force réside dans votre capacité à initier des projets avec courage.

2 - Le Pacificateur

Le chiffre 2 appelle à construire des relations harmonieuses et à cultiver la coopération. Vous êtes ici pour apprendre la patience, l'écoute et le soutien des autres. Vous excellez dans les collaborations et les relations personnelles, mais vous devez surmonter la tendance à être trop sensible ou indécis.

3 - L'Artiste Communicateur

Les individus avec un chemin de vie 3 sont destinés à utiliser leur créativité pour inspirer les autres. Vous avez le don de l'expression, que ce soit par l'écriture, la parole, ou les arts visuels. Votre défi est d'apprendre à canaliser votre énergie créative sans vous disperser et à ne pas craindre les critiques.

4 - Le Constructeur

Le chemin de vie 4 vous pousse à bâtir des structures solides et à travailler avec discipline. Vous êtes ici pour apprendre la persévérance et l'importance d'une base solide. Cependant, vous devrez peut-être surmonter des tendances à la rigidité et au perfectionnisme.

5 - L'Aventurier

Le chiffre 5 vous invite à embrasser la liberté, le changement et l'expérimentation. Vous êtes appelé à explorer de nouvelles idées et à vivre des expériences variées. Toutefois, votre défi consiste à éviter les excès et à maintenir un certain équilibre, afin de ne pas être constamment en quête d'excitation.

6 - Le Gardien du Cœur

Ce chemin est centré sur l'amour, la responsabilité et le service. Vous êtes destiné à prendre soin des autres, à créer de l'harmonie dans votre foyer et votre communauté. Votre plus grand défi est d'apprendre à poser des limites afin de ne pas vous sacrifier pour les autres au point de vous oublier.

7 - Le Chercheur de Vérité

Les individus sous l'influence du chiffre 7 sont ici pour explorer les mystères de la vie. Vous avez une mission spirituelle qui vous pousse à approfondir vos connaissances et à chercher des vérités cachées. Toutefois, vous devez surmonter la tentation de vous isoler ou de devenir trop critique.

8 - Le Maître du Succès

Le chemin de vie 8 est axé sur l'accomplissement matériel et le leadership. Vous êtes ici pour apprendre à utiliser votre pouvoir pour le bien commun et à gérer vos ambitions avec intégrité. Votre défi est d'éviter l'excès de matérialisme ou de contrôle.

9 - L'Humanitaire

Votre mission est de servir les autres avec compassion et d'œuvrer pour le bien-être collectif. Vous êtes motivé par des idéaux élevés et êtes souvent attiré par des causes humanitaires. Le défi consiste à ne pas vous épuiser ou à ne pas être trop désintéressé au point de vous oublier.

11 - Le Visionnaire Spirituel

En tant que maître nombre, le 11 combine les attributs du 2 avec une dimension spirituelle élevée. Votre mission est d'inspirer les autres et de les guider vers une conscience supérieure. Toutefois, cette mission intense peut parfois entraîner du stress ou des tensions internes.

22 - Le Maître Bâtisseur

Le 22 est destiné à accomplir des œuvres monumentales pour le bien de l'humanité. Il combine la vision du 4 avec une force spirituelle accrue. Ceux qui suivent ce chemin doivent apprendre à équilibrer leurs aspirations ambitieuses avec la réalité.

33 - Le Maître Enseignant

Le chemin 33 est le plus élevé des maîtres nombres, axé sur l'amour universel et le service. Votre mission est d'enseigner et de guérir à travers l'amour et la compassion. Ce chemin peut être exigeant car il demande un engagement profond envers les autres.

EXEMPLES D'APPLICATION

Comprendre votre chemin de vie vous aide à prendre des décisions alignées avec votre véritable essence. Par exemple, si votre chemin de vie est le 7, vous pourriez trouver plus de satisfaction dans des carrières qui exigent de la réflexion et de l'analyse, comme la recherche, la philosophie, ou même la spiritualité. En revanche, si votre chemin de vie est le 5, vous pourriez vous épanouir dans des professions qui impliquent des voyages, des changements fréquents ou une grande variété d'expériences.

Prenons un autre exemple : si vous êtes sur un chemin de vie 6, vous pourriez être attiré par des rôles de soin, comme ceux dans le domaine de la santé, de l'éducation ou du conseil. En sachant cela, vous pouvez orienter vos choix de carrière, de relations, et même de loisirs vers des activités qui vous nourrissent vraiment.

ALIGNEMENT AVEC VOTRE PARCOURS

Une fois que vous connaissez votre chemin de vie, vous pouvez commencer à aligner vos actions et vos choix en fonction de ce que ce nombre révèle sur votre mission. Cela ne signifie pas que vous devez changer radicalement votre vie, mais plutôt que vous pouvez ajuster vos objectifs pour qu'ils soient en résonance avec votre essence profonde.

Le chemin de vie est un guide pour naviguer dans les hauts et les bas de l'existence. Lorsque vous suivez ce chemin, vous trouvez plus de paix, de satisfaction et de sens dans tout ce que vous entreprenez. C'est une manière puissante de s'aligner avec votre destinée et de vivre une vie plus épanouissante.

CHAPITRE TROIS

LE NUMÉRO DE L'EXPRESSION

L e numéro d'expression est l'un des piliers de la numérologie, car il révèle votre personnalité, vos talents innés et la manière dont vous interagissez avec le monde extérieur. Contrairement au chemin de vie, qui se concentre sur la mission de votre existence, le numéro d'expression vous aide à comprendre comment vous pouvez exploiter au mieux vos aptitudes pour atteindre vos objectifs. Ce chapitre couvre le calcul du numéro d'expression à partir de votre nom complet, son impact sur la personnalité, et son influence sur vos relations et votre carrière.

CALCUL DU NUMÉRO D'EXPRESSION À PARTIR DU NOM

Le numéro d'expression est calculé en utilisant la valeur numérique des lettres de votre nom complet à la naissance. Chaque lettre de l'alphabet correspond à un chiffre, selon le système de numérologie pythagoricien, que nous utilisons dans ce livre :

Lettre	Valeur
A, J, S	1
B, K, T	2
C, L, U	3
D, M, V	4
E, N, W	5
F, O, X	6
G, P, Y	7
H, Q, Z	8
I, R	9

Pour déterminer votre numéro d'expression, additionnez les chiffres correspondant à chaque lettre de votre nom complet, puis réduisez le total à un chiffre unique (ou laissez-le en tant que maître nombre s'il s'agit de 11, 22 ou 33).

Exemple :

Nom : Marie Dupont

1 Marie → M (4) + A (1) + R (9) + I (9) + E (5) = 28

2 Dupont → D (4) + U (3) + P (7) + O (6) + N (5) + T (2) = 27

3 Additionnez les totaux : 28 + 27 = 55 → 5 + 5 = 10 → 1 + 0 = 1

Le numéro d'expression pour Marie Dupont est donc 1.

IMPACT SUR LA PERSONNALITÉ

Une fois que vous avez calculé votre numéro d'expression, il est temps de découvrir ce que cela révèle sur votre personnalité. Voici une description de chaque chiffre d'expression.

1 - Le Leader

Le chiffre d'expression 1 incarne la volonté, la confiance et l'indépendance. Vous avez un esprit pionnier et un fort désir de diriger. Votre personnalité charismatique attire les autres, mais vous devrez veiller à ne pas devenir autoritaire ou trop centré sur vous-même.

2 - Le Médiateur

Si votre chiffre d'expression est le 2, vous êtes naturellement diplomate, sensible et empathique. Vous excellez dans les collaborations et les relations harmonieuses. Toutefois, vous pouvez être vulnérable aux influences extérieures et avez parfois du mal à prendre des décisions.

3 - L'Artiste

Le chiffre d'expression 3 est celui de la créativité et de l'expression personnelle. Vous êtes optimiste, communicatif, et doué pour captiver les autres par votre charme. Cependant, vous devez éviter la dispersion et apprendre à canaliser votre énergie pour concrétiser vos idées.

4 - L'Organisateur

Si vous avez le chiffre 4 comme expression, vous êtes méthodique, fiable et discipliné. Vous êtes un excellent planificateur, mais vous pouvez parfois être trop rigide ou manquant de spontanéité. La flexibilité est un défi que vous devez relever pour tirer pleinement parti de vos talents.

5 - Le Libérateur

Avec le chiffre 5, vous êtes aventureux, flexible, et attiré par la nouveauté. Vous aimez la liberté et êtes souvent attiré par des carrières qui vous permettent d'explorer différentes voies. Votre défi est de maintenir la stabilité sans renoncer à votre besoin de diversité.

6 - Le Nurturer

Le chiffre d'expression 6 symbolise l'amour, la responsabilité et le service aux autres. Vous êtes attentionné, protecteur et engagé envers votre famille ou votre communauté. Cependant, votre tendance à vouloir tout contrôler peut parfois épuiser votre énergie.

7 - L'Intellectuel

Si votre chiffre d'expression est le 7, vous êtes analytique, introspectif et spirituellement curieux. Vous recherchez des vérités profondes et vous sentez souvent attiré par la recherche ou la spiritualité. Le défi est d'apprendre à être plus ouvert et moins critique envers les autres.

8 - Le Gestionnaire

Le chiffre 8 est synonyme d'ambition, de succès et de leadership dans les affaires. Vous excellez dans la gestion des ressources et la prise de décision. Toutefois, vous devez équilibrer votre désir de succès matériel avec des valeurs éthiques pour éviter de tomber dans la manipulation.

9 - L'Humanitaire

Si votre chiffre d'expression est le 9, vous êtes généreux, idéaliste et motivé par un désir de servir le plus grand bien. Vous avez un profond amour pour l'humanité et êtes souvent impliqué dans des causes sociales. Cependant, il est essentiel de vous protéger contre l'épuisement émotionnel.

11 - Le Visionnaire

En tant que maître nombre, le 11 vous confère une grande intuition, une sensibilité accrue et une capacité à inspirer les autres. Vous êtes un visionnaire spirituel, mais cette intensité peut parfois vous mener à de l'anxiété.

22 - Le Bâtisseur

Le maître nombre 22 combine la vision du 11 avec la capacité concrète du 4 pour réaliser des projets ambitieux. Vous êtes ici pour accomplir de grandes choses, mais cela peut parfois entraîner des pressions internes importantes.

33 - Le Guérisseur

Le chiffre d'expression 33 est rare et puissant, axé sur l'amour inconditionnel et le service aux autres. Vous avez une mission d'enseignement et de guérison, mais cela peut parfois être une charge difficile à porter.

INFLUENCE SUR LES RELATIONS

Votre numéro d'expression influence la manière dont vous interagissez avec les autres, que ce soit dans des relations personnelles, familiales, ou professionnelles.

Par exemple, si votre chiffre d'expression est le 2, vous aurez naturellement tendance à rechercher des relations harmonieuses, tandis qu'un 5 aura besoin d'espace et de liberté dans ses interactions. Comprendre votre chiffre d'expression peut vous aider à mieux gérer les différences de personnalité dans vos relations et à adapter votre communication pour créer des liens plus profonds.

Les chiffres d'expression 6 et 9, axés sur l'amour et le service, sont souvent attirés par des relations où ils peuvent prendre soin des autres, tandis que les chiffres comme le 1 ou le 8 sont plus orientés vers le leadership et la réalisation de projets communs.

INFLUENCE SUR LA CARRIÈRE

Votre numéro d'expression peut également orienter vos choix de carrière en fonction de vos talents innés. Un chiffre d'expression 3, par exemple, pourrait trouver sa voie dans des métiers créatifs comme le design, la musique ou le marketing, où l'expression personnelle est valorisée. En revanche, un 4 sera plus épanoui dans des professions nécessitant de la rigueur et de la planification, comme l'ingénierie ou la comptabilité.

Pour ceux dont le chiffre d'expression est le 8, des carrières dans les affaires, la finance, ou des rôles de gestion seront souvent gratifiants. Quant aux personnes ayant un 7, elles trouveront souvent du plaisir dans des métiers liés à la recherche, à la science, ou à la spiritualité.

EXERCICES PRATIQUES

Pour tirer le meilleur parti de votre numéro d'expression, essayez ces exercices :

1 Journal de réflexion : Notez comment votre chiffre d'expression influence votre manière d'interagir avec les autres. Quelles forces avez-vous constatées ? Quels défis rencontrés ?

2 Liste de talents : Faites une liste de vos compétences naturelles en lien avec votre chiffre d'expression. Identifiez des domaines dans lesquels vous pourriez les utiliser davantage.

3 Planification de carrière : Réfléchissez à comment aligner vos objectifs professionnels avec les forces décrites par votre numéro d'expression.

Ces exercices vous aideront à exploiter pleinement les potentiels cachés dans votre profil numérologique, afin de créer une vie plus épanouissante et alignée avec votre essence intérieure.

CHAPITRE QUATRE

LE NUMÉRO DE L'ÂME

Le numéro de l'âme, également connu sous le nom de nombre intime ou nombre du cœur, est un aspect essentiel de la numérologie. Il révèle les désirs profonds, les motivations intérieures et les aspirations cachées d'une personne. Alors que le chemin de vie montre votre mission dans cette vie, et que le numéro d'expression décrit la manière dont vous interagissez avec le monde, le numéro de l'âme vous connecte à ce que vous voulez réellement au plus profond de vous-même. Ce chapitre explore comment calculer ce nombre, son influence sur vos désirs les plus intimes, et comment vous pouvez l'utiliser pour aligner votre vie avec vos aspirations véritables.

DÉFINITION ET CALCUL DU NUMÉRO DE L'ÂME

Le numéro de l'âme est calculé en utilisant uniquement les voyelles de votre nom complet à la naissance. En numérologie, les voyelles représentent l'essence intime, les pensées et les sentiments cachés. Chaque voyelle a une valeur numérique, et en additionnant ces valeurs, vous obtenez votre numéro de l'âme.

Voici le tableau des valeurs des voyelles selon le système de numérologie pythagoricien :

Lettre	Valeur
A	1
E	5
I	9
O	6
U	3
Y	7 (utilisé comme voyelle lorsqu'il agit comme tel dans un mot)

Exemple de calcul

Nom : Élodie Martin

1 Voyelles de "Élodie" : É (5) + O (6) + I (9) + E (5) = 25

2 Voyelles de "Martin" : A (1) + I (9) = 10

3 Additionnez les totaux : 25 + 10 = 35 → 3 + 5 = 8

Dans cet exemple, le numéro de l'âme d'Élodie Martin est 8.

Si le résultat est un maître nombre (11, 22 ou 33), ne le réduisez pas davantage car il possède une signification particulière.

DÉSIRS PROFONDS ET MOTIVATIONS

Comprendre votre numéro de l'âme vous donne un aperçu unique de ce qui vous motive au plus profond de vous-même. C'est la voix intérieure qui vous pousse à chercher ce qui vous rend véritablement heureux, même si cela n'est pas toujours apparent dans vos actions extérieures.

1 - Le Désir d'Indépendance

Votre âme aspire à être libre, autonome et à explorer de nouveaux horizons. Vous recherchez des situations où vous pouvez exprimer votre individualité sans contraintes. Ce désir peut parfois vous pousser à refuser l'aide des autres ou à éviter les engagements à long terme.

2 - Le Besoin d'Harmonie

Votre âme cherche la paix, l'harmonie et des relations équilibrées. Vous êtes motivé par le besoin de vous connecter aux autres, d'établir des liens profonds et de soutenir ceux qui vous entourent. Toutefois, vous devez veiller à ne pas sacrifier vos propres besoins pour maintenir la paix.

3 - Le Désir d'Expression

Vous avez un besoin inné de vous exprimer, que ce soit à travers les arts, la communication, ou toute autre forme de créativité. Votre âme s'épanouit lorsque vous partagez votre joie et votre enthousiasme avec le monde. Cependant, ce désir peut parfois se manifester par une tendance à rechercher constamment l'attention.

4 - Le Besoin de Stabilité

Votre âme est attirée par la sécurité, l'ordre et les structures solides. Vous vous sentez épanoui lorsque vous bâtissez quelque chose de durable. Cependant, ce désir peut parfois se transformer en un besoin excessif de contrôle, vous rendant rigide face au changement.

5 - La Soif de Liberté

Votre âme désire l'aventure, la diversité et l'exploration. Vous êtes motivé par un besoin insatiable de nouveauté et de liberté personnelle. Toutefois, cette quête peut vous amener à fuir les engagements ou à éviter la routine.

6 - Le Désir de Servir

Vous êtes motivé par un besoin profond de prendre soin des autres et de créer un environnement aimant. Votre âme s'épanouit lorsqu'elle aide ceux qui sont dans le besoin. Cependant, ce désir peut parfois vous pousser à vous sacrifier au point de vous oublier.

7 - Le Besoin de Connaissance Intérieure

Votre âme recherche la vérité et l'illumination. Vous êtes motivé par un désir de comprendre le sens profond de la vie et de développer votre spiritualité. Ce besoin peut parfois vous isoler des autres, car vous préférez la solitude pour méditer et réfléchir.

8 - Le Désir de Réalisation

Votre âme aspire au succès, au pouvoir et à l'abondance matérielle. Vous êtes motivé par le besoin de réaliser de grandes choses dans le monde. Toutefois, vous devez veiller à ne pas devenir obsédé par le succès au point d'oublier les aspects plus spirituels de votre vie.

9 - Le Désir de Compassion

Votre âme est motivée par un amour universel et un désir de servir l'humanité. Vous êtes profondément touché par les souffrances des autres et cherchez des moyens de faire une différence. Cependant, ce besoin peut parfois vous conduire à vous négliger.

11 - Le Désir d'Inspiration Spirituelle

En tant que maître nombre, le 11 indique une quête pour inspirer les autres et élever la conscience collective. Vous êtes motivé par une vision spirituelle élevée, mais cette intensité peut parfois créer de l'anxiété intérieure.

22 - Le Besoin de Réaliser des Grands Projets

Votre âme est poussée à transformer ses visions en réalité pour le bien de la communauté. Vous êtes motivé par un désir de construire quelque chose de durable et d'utile. Toutefois, ce besoin peut parfois générer une pression intérieure énorme.

33 - Le Désir d'Aider l'Humanité

Votre âme cherche à guérir, à enseigner et à aimer de manière inconditionnelle. Vous êtes motivé par un désir de servir l'humanité avec amour et compassion. Cependant, ce chemin exigeant peut parfois être difficile à porter, car il demande un engagement profond.

ALIGNEMENT INTÉRIEUR

Le numéro de l'âme est un guide précieux pour aligner vos actions avec vos désirs les plus profonds. En étant à l'écoute de ce chiffre, vous pouvez mieux comprendre pourquoi certaines situations vous attirent tandis que d'autres vous laissent indifférent.

Par exemple, si votre numéro de l'âme est 5, il se peut que vous vous sentiez mal à l'aise dans des environnements trop structurés ou rigides. À l'inverse, un numéro de l'âme de 4 peut vous pousser à rechercher un emploi stable et des relations durables.

Exemple d'application pratique :

Supposons que vous ayez un numéro de l'âme de 7. Vous pourriez être plus satisfait en choisissant des activités qui impliquent la recherche, l'étude ou la spiritualité. Vous pourriez également trouver du réconfort dans la méditation, la lecture ou la solitude.

EXERCICES POUR ALIGNER VOS DÉSIRS AVEC VOTRE VIE

Voici quelques exercices pour vous aider à mieux vous connecter avec votre numéro de l'âme :

1 Méditation de l'âme : Asseyez-vous en silence et concentrez-vous sur votre respiration. Demandez-vous : « Quels sont mes véritables désirs ? Qu'est-ce que mon âme souhaite vraiment ? » Écoutez les réponses intuitives qui surgissent.

2 Journal de réflexion : Chaque semaine, écrivez sur ce que vous ressentez en lien avec votre numéro de l'âme. Notez les moments où vous avez ressenti un alignement intérieur et ceux où vous vous êtes senti déconnecté.

3 Visualisation : Imaginez-vous vivant une vie pleinement alignée avec les désirs de votre âme. Quels choix feriez-vous différemment ? Quels aspects de votre vie changeriez-vous ?

Ces exercices vous permettront d'explorer en profondeur les désirs cachés de votre âme, afin de vivre une vie plus authentique et épanouie.

CHAPITRE CINQ

LE NUMÉRO DU DESTIN

Le numéro du destin est l'un des aspects fondamentaux de la numérologie. Il représente la force qui guide votre parcours de vie, les opportunités qui se présenteront à vous, ainsi que les défis que vous devrez surmonter pour réaliser votre plein potentiel. Contrairement au chemin de vie, qui est basé sur votre date de naissance, le numéro du destin est calculé à partir de votre nom complet à la naissance. Ce chapitre explore comment calculer ce chiffre, sa signification profonde, et comment l'utiliser pour prendre des décisions stratégiques dans votre vie. Vous découvrirez également des exemples d'applications concrètes pour exploiter cette connaissance dans votre quotidien.

CALCUL ET SIGNIFICATION DU NUMÉRO DU DESTIN

Le numéro du destin est calculé en additionnant la valeur numérique de chaque lettre de votre nom complet, puis en réduisant le total à un chiffre compris entre 1 et 9, ou à un maître nombre (11, 22, 33). Voici le tableau des valeurs des lettres utilisé pour ce calcul :

Lettre	Valeur
A, J, S	1
B, K, T	2
C, L, U	3
D, M, V	4
E, N, W	5
F, O, X	6
G, P, Y	7
H, Q, Z	8
I, R	9

Exemple de calcul

Nom : Sophie Dubois

1 Sophie : S (1) + O (6) + P (7) + H (8) + I (9) + E (5) = 36

2 Dubois : D (4) + U (3) + B (2) + O (6) + I (9) + S (1) = 25

3 Additionnez les totaux : 36 + 25 = 61 → 6 + 1 = 7

Le numéro du destin de Sophie Dubois est donc 7.

Si le résultat est un maître nombre (11, 22 ou 33), ne le réduisez pas davantage, car ces nombres possèdent des significations particulières.

INTERPRÉTATION DES RÉSULTATS

Le numéro du destin révèle la voie que vous êtes destiné à suivre, ainsi que les qualités que vous devez développer pour atteindre vos objectifs de vie. Voici un guide pour interpréter ce chiffre.

1 - Le Leader Visionnaire

Vous êtes destiné à occuper des rôles de leadership et à explorer de nouveaux territoires. Vous êtes un innovateur, doté d'une volonté de fer. Toutefois, vous devrez apprendre à canaliser votre énergie pour éviter de devenir trop autoritaire.

2 - Le Diplomate Harmonieux

Votre destinée consiste à créer des ponts entre les personnes et à promouvoir l'harmonie. Vous excellez dans les domaines qui nécessitent de la coopération et de l'écoute. Cependant, votre défi est d'éviter la passivité et de ne pas fuir les conflits nécessaires.

3 - Le Communicateur Créatif

Votre destin est de briller à travers la créativité, l'expression artistique et la communication. Vous êtes fait pour inspirer les autres. Toutefois, vous devez surmonter la tendance à vous disperser et à éviter les engagements sérieux.

4 - Le Bâtisseur Solide

Votre destinée vous appelle à créer des structures solides et durables. Vous êtes ici pour accomplir des projets concrets grâce à votre discipline et votre organisation. Votre plus grand défi sera d'accepter le changement et d'éviter la rigidité.

5 - L'Aventurier Libéré

Votre chemin de destinée est lié à la liberté, l'aventure et la diversité. Vous êtes fait pour explorer de nouvelles expériences et repousser les limites. Cependant, votre défi réside dans la constance et l'engagement à long terme.

6 - Le Gardien Bienveillant

Vous êtes destiné à servir les autres, à créer des environnements harmonieux et à vous dévouer à votre famille ou à votre communauté. Toutefois, il est crucial d'apprendre à poser des limites pour éviter l'épuisement.

7 - Le Chercheur Spirituel

Votre destinée est d'explorer les mystères de la vie, de développer votre spiritualité et d'approfondir vos connaissances. Vous excellez dans les domaines intellectuels et spirituels. Toutefois, vous devrez travailler sur votre tendance à l'isolement.

8 - Le Maître du Pouvoir

Votre chemin est lié à l'ambition, au succès matériel et au leadership. Vous êtes destiné à accomplir des réalisations significatives dans le monde des affaires ou des organisations. Votre défi est d'utiliser votre pouvoir avec éthique et de ne pas tomber dans l'excès de contrôle.

9 - L'Humanitaire Universel

Votre destin est de servir l'humanité avec compassion et d'apporter un changement positif dans le monde. Vous êtes motivé par un idéal de justice et d'amour universel. Toutefois, vous devrez éviter de vous sacrifier au point de vous oublier.

11 - Le Visionnaire Inspiré

Votre destin est d'inspirer les autres à travers des idées spirituelles et une compréhension intuitive du monde. Vous avez une capacité naturelle à élever la conscience des autres. Cependant, cette intensité peut parfois mener à de l'anxiété.

22 - Le Maître Bâtisseur

Vous êtes destiné à accomplir des projets monumentaux qui bénéficient à l'humanité. Vous combinez la vision avec des capacités pratiques pour transformer des rêves en réalité. Cependant, la pression de vos aspirations élevées peut être difficile à gérer.

33 - Le Maître Enseignant

Votre chemin de destinée est axé sur l'amour universel et le service. Vous êtes ici pour guider, enseigner et guérir à grande échelle. Cela peut être un chemin exigeant qui requiert un engagement profond envers le service aux autres.

UTILISATION POUR DES CHOIX STRATÉGIQUES

Comprendre votre numéro du destin peut être un atout précieux pour orienter vos choix de carrière, de relations, et même de style de vie. Par exemple, si votre destin est le 8, vous pourriez être attiré par des rôles de leadership ou d'entrepreneuriat. Si votre numéro du destin est le 3, vous trouverez du bonheur dans des professions créatives comme l'écriture, le théâtre ou le marketing.

Prenons un autre exemple : si votre numéro de destin est le 4, vous serez probablement épanoui dans des environnements où la stabilité et la structure sont valorisées, tels que l'ingénierie, la gestion de projets ou les finances.

ÉTUDES DE CAS

Pour illustrer comment le numéro du destin peut influencer votre vie, voici deux études de cas fictives :

Étude de cas 1 : Camille, numéro du destin 5

Camille a toujours ressenti un besoin intense de liberté. Après avoir travaillé plusieurs années dans un emploi stable mais ennuyeux, elle a décidé de suivre son désir profond de voyager. Grâce à son numéro du destin, elle a compris que son épanouissement passe par la diversité et l'aventure. Aujourd'hui, elle travaille comme freelance, ce qui lui permet de voyager tout en gagnant sa vie.

Étude de cas 2 : Marc, numéro du destin 8

Marc a longtemps lutté pour trouver un sens à sa carrière. Il a essayé différents emplois, mais rien ne semblait lui convenir. En découvrant que son numéro du destin est le 8, il a réalisé que son besoin d'accomplir quelque chose de significatif et de diriger des équipes était la clé. Il a ainsi décidé de se lancer dans l'entrepreneuriat et a depuis trouvé une nouvelle motivation.

EXERCICES PRATIQUES POUR EXPLOITER VOTRE NUMÉRO DU DESTIN

1 Journal de réflexion : Prenez le temps d'écrire sur la façon dont vous vous identifiez à la description de votre numéro du destin. Quelles opportunités pourriez-vous explorer en tenant compte de ce nombre ?

2 Plan d'action stratégique : En vous basant sur votre numéro du destin, identifiez trois domaines de votre vie où vous pourriez faire des changements pour vous aligner davantage avec votre mission.

3 Méditation guidée : Visualisez-vous en train de vivre pleinement votre destinée. Imaginez les défis que vous surmontez et les succès que vous atteignez en suivant le chemin indiqué par votre numéro du destin.

Ces exercices vous aideront à exploiter pleinement le potentiel de votre numéro du destin pour prendre des décisions éclairées et alignées avec votre véritable mission de vie.

CHAPITRE SIX

LES LEÇONS KARMIQUES

Les leçons karmiques, en numérologie, représentent les enseignements que votre âme a choisi d'apprendre dans cette vie. Ces leçons sont souvent associées à des défis ou à des schémas récurrents que vous rencontrez tout au long de votre existence. Elles sont comme des empreintes laissées par des vies antérieures, ou des aspects de votre être que vous devez équilibrer pour évoluer spirituellement. Ce chapitre explore comment identifier vos leçons karmiques, comprendre vos dettes karmiques, et des exercices pratiques pour les équilibrer et les transformer en forces.

DÉTECTION DES LEÇONS KARMIQUES

Les leçons karmiques sont révélées à travers votre nom de naissance, en analysant les lettres qui y sont absentes. Chaque lettre correspond à une vibration énergétique qui représente des compétences ou des qualités que vous êtes appelé à développer. Si certaines lettres manquent dans votre nom complet, cela indique que vous pourriez avoir des défis ou des faiblesses à surmonter dans ces domaines.

Calcul des leçons karmiques

1 Notez votre nom complet tel qu'il apparaît sur votre acte de naissance.

2 Identifiez les lettres qui ne sont pas présentes dans votre nom.

3 Référez-vous au tableau suivant pour comprendre la signification des lettres manquantes :

Lettre	Leçon Karmique
A	Confiance en soi et affirmation personnelle
B	Coopération et sensibilité
C	Expression créative et communication
D	Discipline et structure
E	Adaptabilité et expression émotionnelle
F	Service aux autres et responsabilité
G	Connaissance intérieure et sagesse
H	Équilibre entre le matériel et le spirituel
I	Indépendance et détermination
J	Foi et optimisme
K	Maîtrise de soi et patience
L	Ouverture d'esprit et amour universel
M	Travail acharné et persévérance
N	Flexibilité et diversité
O	Compassion et sens de la communauté
P	Analyse et prise de décision
Q	Originalité et innovation
R	Émotions et passions profondes
S	Leadership et vision
T	Tolérance et écoute
U	Liberté et indépendance émotionnelle
V	Endurance et résilience
W	Expression créative et inspiration
X	Transformation et changement
Y	Sagesse spirituelle et introspection
Z	Ambition et accomplissement

Exemple d'analyse

Si votre nom complet est "Éric Dubois", vous remarquerez qu'il manque les lettres F, G, K, N, Q, X, et Z. Cela signifie que vos leçons karmiques incluent des domaines comme le service aux autres (F), la connaissance intérieure (G), et la patience (K). Ces aspects sont des défis que vous êtes appelé à surmonter pour évoluer sur votre chemin de vie.

COMPRENDRE LES DETTES KARMIQUES

En numérologie, les dettes karmiques sont des « dettes » que votre âme a accumulées dans des vies passées et que vous devez équilibrer dans cette vie. Elles sont liées à des erreurs, des abus ou des excès commis dans des incarnations antérieures. Ces dettes se manifestent par des schémas répétitifs ou des difficultés que vous rencontrez dans cette vie.

Il existe quatre principaux nombres de dette karmique : **13, 14, 16, et 19**. Si vous obtenez l'un de ces nombres lors du calcul de votre chemin de vie, de votre numéro d'expression, ou d'autres chiffres clés, cela indique la présence d'une dette karmique.

Signification des dettes karmiques :

• **13** : Apprendre la discipline, le travail acharné et la persévérance. Vous pourriez rencontrer des obstacles qui vous poussent à développer une meilleure organisation et efficacité.

• **14** : Gérer la liberté personnelle et éviter les excès. Cette dette karmique vous enseigne l'importance de la modération et de la responsabilité.

• **16** : Leçons d'humilité et de spiritualité. Vous pourriez faire face à des pertes ou des bouleversements pour vous amener à réévaluer vos priorités spirituelles.

• **19** : Apprendre l'indépendance tout en servant les autres. Vous devez trouver un équilibre entre l'autonomie et la coopération.

Exemple d'application :

Si votre chemin de vie est le nombre 16, vous pourriez avoir des expériences qui vous obligent à abandonner l'égo et à vous concentrer davantage sur votre croissance spirituelle. Cela peut se manifester par des ruptures soudaines, des pertes ou des échecs qui vous forcent à revoir vos valeurs.

EXERCICES POUR ÉQUILIBRER LE KARMA

Le but des leçons karmiques n'est pas de vous punir, mais de vous aider à évoluer spirituellement. Voici quelques exercices pour vous aider à surmonter vos dettes et à équilibrer votre karma :

1 Journal de gratitude et d'auto-évaluation : Prenez le temps chaque jour d'écrire sur les situations où vous avez ressenti des défis liés à vos leçons karmiques. Par exemple, si votre leçon karmique est liée au manque de discipline (13), notez les moments où vous avez procrastiné et comment vous pourriez mieux organiser votre temps.

2 Méditation de libération karmique : Asseyez-vous en silence, concentrez-vous sur votre respiration et visualisez une lumière dorée qui nettoie les dettes karmiques accumulées. Imaginez cette lumière dissoudre les schémas négatifs et vous libérer des liens du passé.

3 Actes de service : Si vous avez une dette karmique liée au nombre 19, engagez-vous dans des activités bénévoles ou des actes de service qui vous connectent aux autres. Cela vous aidera à équilibrer votre dette tout en cultivant l'humilité et la compassion.

4 Rituels de pardon : Parfois, les dettes karmiques sont liées à des ressentiments passés. Écrire des lettres de pardon, même si vous ne les envoyez pas, peut vous aider à libérer des émotions stagnantes et à avancer plus librement.

EXEMPLE DE TRANSFORMATION D'UNE LEÇON KARMIQUE

Prenons le cas fictif de Julie, qui a un chemin de vie marqué par le nombre 14. Tout au long de sa vie, elle a eu des difficultés à gérer ses finances, tombant souvent dans des excès. En prenant conscience de sa dette karmique, elle a décidé de suivre des cours sur la gestion budgétaire et de pratiquer la pleine conscience pour contrôler ses impulsions. En quelques années, Julie a non seulement surmonté ses défis financiers, mais elle est devenue conseillère en finances personnelles, aidant d'autres personnes à éviter les mêmes erreurs.

EXERCICES PRATIQUES POUR INTÉGRER LES LEÇONS KARMIQUES

1 Carte de vision karmique : Créez une carte de vision en utilisant des images et des mots qui représentent la vie que vous souhaitez manifester, en tenant compte des leçons karmiques que vous devez intégrer. Par exemple, si votre leçon concerne la patience, incluez des images de calme, de nature, et d'activités qui vous encouragent à ralentir.

2 Affirmations de guérison : Chaque matin, répétez des affirmations positives qui vous aident à transformer vos leçons karmiques en forces. Par exemple, pour la dette karmique 13 : « Je suis discipliné(e) et engagé(e) dans tout ce que j'entreprends ».

3 Rituel de lâcher-prise : Chaque mois, allumez une bougie et écrivez sur un morceau de papier ce que vous souhaitez libérer en lien avec vos leçons karmiques. Brûlez le papier en visualisant la libération de ces schémas.

Ces pratiques vous aideront à transformer les leçons et les dettes karmiques en atouts pour votre évolution spirituelle. En les intégrant consciemment, vous pouvez alléger votre fardeau et créer une vie plus harmonieuse et alignée avec votre mission.

CHAPITRE SEPT

LES CYCLES PERSONNELS

Les cycles personnels en numérologie représentent des phases importantes de votre vie, marquées par des énergies spécifiques qui influencent vos décisions, vos émotions et vos expériences. Chaque année, mois et jour de votre vie est influencé par un nombre personnel, qui agit comme une boussole pour vous orienter sur le chemin de votre évolution. Comprendre ces cycles vous permet d'anticiper les opportunités, d'éviter les obstacles et d'aligner vos actions avec le flux énergétique du moment. Dans ce chapitre, nous explorerons comment calculer votre année et votre mois personnel, comment planifier avec les cycles, et des exercices pratiques pour intégrer ces connaissances dans votre vie quotidienne.

CALCUL DE L'ANNÉE PERSONNELLE

Votre année personnelle est un chiffre clé qui indique le thème général d'une année particulière. Ce nombre se calcule en additionnant le jour et le mois de votre naissance avec l'année en cours, puis en réduisant le total à un chiffre compris entre 1 et 9.

Exemple de calcul

Si vous êtes né le 15 juillet (15/07) et que vous souhaitez connaître votre année personnelle pour 2024 :

1 Additionnez le jour et le mois de naissance : 1 + 5 + 7 = 13 → 1 + 3 = 4

2 Additionnez l'année en cours : 2 + 0 + 2 + 4 = 8

3 Additionnez les résultats : 4 (jour et mois) + 8 (année) = 12 → 1 + 2 = 3

Votre année personnelle pour 2024 serait donc le chiffre **3**.

INTERPRÉTATION DES CYCLES D'ANNÉE PERSONNELLE

Chaque année personnelle a une signification particulière et est associée à des énergies spécifiques qui influencent vos expériences et vos décisions.

1 - Nouvelle Départ, Indépendance

Une année personnelle 1 est une année de nouveaux commencements. C'est le moment idéal pour initier des projets, prendre des initiatives et explorer de nouveaux horizons. C'est une période pour semer les graines qui porteront leurs fruits au cours des cycles suivants.

2 - Coopération, Patience, Relations

L'année personnelle 2 est axée sur les relations, la coopération et la diplomatie. C'est une période pour établir des connexions, renforcer vos partenariats et pratiquer la patience. Vous pourriez ressentir le besoin de ralentir et de vous concentrer sur l'harmonie.

3 - Créativité, Expression, Joie

Une année personnelle 3 est marquée par l'expression personnelle, la créativité et la joie de vivre. C'est un excellent moment pour explorer vos talents artistiques, communiquer avec les autres et profiter des plaisirs de la vie. Cependant, veillez à ne pas vous disperser.

4 - Stabilité, Travail, Discipline

L'année personnelle 4 est synonyme de travail acharné, de discipline et de construction. C'est le moment de poser des bases solides pour vos projets futurs. Bien que cette année puisse être exigeante, elle vous aide à réaliser des progrès concrets.

5 - Changement, Liberté, Aventure

Si vous êtes en année personnelle 5, préparez-vous à des changements, des opportunités inattendues et de la diversité. C'est une période de liberté et d'exploration, idéale pour les voyages ou pour essayer de nouvelles expériences. Cependant, gardez un œil sur les excès.

6 - Amour, Famille, Responsabilité

L'année personnelle 6 est centrée sur la famille, les relations et les responsabilités. Vous pourriez être appelé à prendre soin des autres ou à renforcer les liens avec vos proches. C'est aussi un moment pour rétablir l'équilibre et l'harmonie dans votre vie.

7 - Introspection, Spiritualité, Recherche

Une année personnelle 7 est une période d'introspection, de croissance spirituelle et d'apprentissage. C'est le moment de se retirer pour réfléchir, méditer, et chercher des réponses plus profondes. Évitez de vous isoler complètement des autres.

8 - Pouvoir, Succès, Réalisation

L'année personnelle 8 est une année de pouvoir et de réussite matérielle. C'est le moment idéal pour se concentrer sur les affaires, les finances et les projets ambitieux. Cependant, veillez à agir avec intégrité et à ne pas vous laisser emporter par le matérialisme.

9 - Clôture, Transformation, Compassion

Une année personnelle 9 est une période de conclusion et de transformation. C'est le moment de laisser aller ce qui ne vous sert plus et de faire le point sur les neuf dernières années. Cette année favorise le pardon, la compassion et la préparation à un nouveau cycle.

CALCUL DU MOIS PERSONNEL

Une fois que vous connaissez votre année personnelle, vous pouvez calculer votre mois personnel en ajoutant simplement le numéro de l'année personnelle au numéro du mois en cours.

Exemple :

Si votre année personnelle est 3 et que vous souhaitez connaître votre mois personnel pour novembre (mois 11) :

3 (année personnelle) + 11 = 14 → 1 + 4 = 5

Votre mois personnel pour novembre serait donc **5**.

INTERPRÉTATION DES CYCLES DE MOIS PERSONNEL

Tout comme l'année personnelle, chaque mois personnel a ses propres vibrations :

- **1 : Action, nouveaux départs**
- **2 : Coopération, patience**
- **3 : Expression, socialisation**
- **4 : Travail, organisation**
- **5 : Changements, opportunités**
- **6 : Famille, responsabilités**
- **7 : Introspection, analyse**
- **8 : Succès, affaires**
- **9 : Clôture, guérison**

En comprenant les énergies mensuelles, vous pouvez planifier vos activités en harmonie avec ces cycles pour maximiser votre succès et votre bien-être.

PLANIFICATION AVEC LES CYCLES

Connaître vos cycles personnels peut transformer la manière dont vous planifiez votre vie. Par exemple :

• **Projets professionnels** : Lancez de nouveaux projets en année personnelle 1, développez-les en année 4, et récoltez les fruits en année 8.

• **Relations** : Renforcez vos connexions en année 2, et soyez prêt à faire des choix difficiles en année 9.

- **Développement personnel** : Profitez d'une année 7 pour vous recentrer et approfondir votre spiritualité.

EXERCICES PRATIQUES

Voici quelques exercices pour vous aider à intégrer les cycles personnels dans votre quotidien :

1 Journal de planification mensuelle : Chaque début de mois, écrivez vos objectifs en fonction de votre mois personnel. Cela vous aidera à vous concentrer sur les énergies spécifiques du mois.

2 Visualisation guidée : À chaque début d'année personnelle, fermez les yeux et visualisez ce que vous souhaitez accomplir durant cette année. Imaginez les obstacles que vous pourriez rencontrer et comment vous les surmonterez.

3 Rituel de transition annuelle : À la fin de chaque année personnelle, prenez le temps de réfléchir à ce que vous avez accompli. Faites une liste des leçons apprises et des aspects de votre vie que vous êtes prêt à laisser derrière vous.

EXEMPLES CONCRETS D'APPLICATION

Prenons le cas fictif de Claire, qui est en année personnelle 5. Elle ressent un besoin croissant de changement dans sa carrière. En se basant sur ses cycles personnels, elle décide d'explorer de nouvelles opportunités professionnelles et finit par trouver un emploi qui lui permet de voyager, une de ses passions.

D'un autre côté, Julien, qui est en année personnelle 6, se concentre sur le renforcement de sa relation avec sa famille. Il décide de passer plus de temps avec ses proches et de travailler sur ses relations, ce qui lui apporte une plus grande stabilité émotionnelle.

EXERCICES POUR ALIGNER VOTRE VIE AVEC VOS CYCLES PERSONNELS

1 Carte des objectifs annuels : Créez une carte visuelle avec les objectifs que vous souhaitez atteindre au cours de l'année, en fonction des énergies de votre cycle personnel.

2 Méditation mensuelle : Au début de chaque mois, pratiquez une méditation pour vous connecter aux énergies de votre mois personnel et identifier les priorités pour les semaines à venir.

3 Affirmations alignées aux cycles : Chaque matin, répétez des affirmations basées sur votre cycle actuel, telles que « J'accueille le changement et les nouvelles opportunités » en mois personnel 5, ou « Je me connecte profondément à mon moi intérieur » en mois personnel 7.

En intégrant ces pratiques, vous pourrez vivre plus en harmonie avec les cycles naturels qui influencent votre vie, vous alignant ainsi avec vos aspirations profondes et vos objectifs.

CHAPITRE HUIT

NUMÉROLOGIE ET RELATIONS

La numérologie peut jouer un rôle clé dans la compréhension de nos relations. Qu'il s'agisse de relations amoureuses, familiales, amicales ou professionnelles, les chiffres peuvent révéler les dynamiques cachées qui influencent la manière dont nous nous connectons aux autres. En explorant la compatibilité des numéros, ce chapitre vous aidera à mieux comprendre comment vos vibrations numériques influencent vos interactions, à améliorer la communication et à créer des relations plus harmonieuses.

COMPATIBILITÉ DES NUMÉROS

La compatibilité numérologique repose sur la comparaison des vibrations de votre numéro personnel avec celles de votre partenaire, qu'il soit un conjoint, un ami ou un collègue. En général, les numéros qui partagent des vibrations similaires ou complémentaires ont tendance à mieux s'entendre, tandis que ceux qui ont des vibrations conflictuelles peuvent rencontrer des défis.

Pour déterminer la compatibilité, commencez par calculer le chemin de vie de chaque personne. Voici un rappel du calcul du chemin de vie :

• Additionnez le jour, le mois et l'année de naissance pour chaque personne, puis réduisez le total à un chiffre entre 1 et 9, ou à un maître nombre (11, 22, 33).

Exemple de compatibilité :

Supposons que vous ayez un chemin de vie 3 et que votre partenaire soit un chemin de vie 7. Le 3 est synonyme de créativité, de socialisation et d'enthousiasme, tandis que le 7 est introspectif, analytique et spirituel. Bien que ces deux chemins soient différents, ils peuvent se compléter si les deux partenaires sont prêts à comprendre et à accepter leurs différences.

INTERPRÉTATION DES COMBINAISONS DE CHEMINS DE VIE

Voici un guide général pour évaluer la compatibilité entre différents chemins de vie :

1 et 2

Une combinaison harmonieuse où le 1 apporte le leadership et le 2 la coopération. Ensemble, ils créent un équilibre entre initiative et soutien. Toutefois, le 1 doit veiller à ne pas dominer, tandis que le 2 doit éviter d'être trop passif.

3 et 5

Ces deux chiffres partagent une soif de liberté et d'aventure. Leur relation est marquée par la spontanéité et le plaisir. Cependant, tous deux doivent veiller à ne pas se disperser et à rester engagés.

4 et 8

Le 4 et le 8 sont orientés vers la réussite et la stabilité. Ensemble, ils peuvent construire des bases solides tant sur le plan personnel que professionnel. Cependant, ils doivent éviter d'être trop axés sur le travail au détriment de l'émotionnel.

6 et 9

Ces deux chiffres partagent des valeurs d'amour, de compassion et de service. Le 6 est axé sur la famille et les responsabilités, tandis que le 9 cherche à aider l'humanité. Ensemble, ils créent un partenariat basé sur des valeurs élevées.

7 et 1

Cette combinaison peut être à la fois stimulante et enrichissante, car le 1 apporte de l'énergie et de l'action, tandis que le 7 offre de la profondeur et de la réflexion. Cependant, ils doivent apprendre à respecter leurs différences, notamment en matière de besoin d'espace personnel.

2 et 4

Ces deux chiffres valorisent la sécurité et la stabilité. Ensemble, ils créent un partenariat basé sur la loyauté et la confiance. Cependant, ils peuvent parfois manquer de spontanéité.

AMÉLIORER LA COMMUNICATION À L'AIDE DE LA NUMÉROLOGIE

Comprendre le chiffre dominant de votre partenaire peut vous aider à adapter votre style de communication pour créer une relation plus harmonieuse.

- **Chemin de vie 1** : Soyez direct et honnête, car les personnes influencées par le 1 apprécient la clarté et la franchise. Évitez de les critiquer ouvertement, car ils peuvent être sensibles à toute atteinte à leur indépendance.

- **Chemin de vie 2** : Montrez de la compréhension et de l'empathie. Les personnes avec un chemin de vie 2 ont besoin de sentir qu'elles sont écoutées et soutenues. Évitez les conflits ouverts et privilégiez les discussions calmes.

- **Chemin de vie 3** : Utilisez l'humour et la créativité pour capter leur attention. Les 3 aiment s'exprimer, alors laissez-les parler de leurs passions. Évitez d'être trop critique, car cela peut étouffer leur créativité.

- **Chemin de vie 4** : Soyez organisé et prévisible. Les personnes avec un chemin de vie 4 apprécient la fiabilité et la structure. Évitez les changements de dernière minute et respectez vos engagements.

- **Chemin de vie 5** : Soyez ouvert aux nouvelles idées et spontané. Les personnes influencées par le 5 s'ennuient facilement, alors variez vos interactions. Évitez d'être trop restrictif ou contrôlant.

- **Chemin de vie 6** : Montrez de la considération et de l'engagement. Les 6 valorisent les relations profondes et stables. Assurez-vous de respecter leurs besoins familiaux et émotionnels.

- **Chemin de vie 7** : Soyez patient et laissez-leur de l'espace. Les 7 ont besoin de temps pour réfléchir avant de partager leurs pensées. Évitez d'être envahissant ou de les pousser à s'ouvrir trop rapidement.

- **Chemin de vie 8** : Parlez de manière claire et concise. Les 8 apprécient l'efficacité et le pragmatisme. Évitez les émotions excessives ou les discussions sans but concret.

- **Chemin de vie 9** : Montrez votre engagement envers des causes communes. Les 9 sont idéalistes et motivés par un désir de servir les autres. Évitez d'être trop égoïste ou matérialiste.

EXEMPLES DE RELATIONS RÉUSSIES

Pour illustrer comment la numérologie peut améliorer les relations, examinons deux cas fictifs :

Étude de cas 1 : Anna (chemin de vie 2) et Marc (chemin de vie 8)

Anna, avec un chemin de vie 2, est naturellement empathique et recherche l'harmonie. Marc, avec un chemin de vie 8, est orienté vers le succès et l'ambition. Bien que leurs priorités diffèrent, ils ont appris à valoriser leurs forces complémentaires. Anna apporte le soutien émotionnel dont Marc a besoin, tandis que Marc encourage Anna à développer plus de confiance en elle.

Étude de cas 2 : Sophie (chemin de vie 5) et Paul (chemin de vie 7)

Sophie est pleine d'énergie, avide d'aventures et d'expériences nouvelles. Paul, de son côté, préfère la réflexion, la méditation et l'introspection. Bien que leurs approches de la vie soient différentes, ils ont trouvé un équilibre en respectant les besoins de chacun : Sophie pousse Paul à sortir de sa zone de confort, tandis que Paul aide Sophie à se recentrer et à réfléchir avant d'agir.

EXERCICES PRATIQUES POUR AMÉLIORER VOS RELATIONS

1 Analyse des numéros personnels : Calculez votre chemin de vie et celui de votre partenaire. Notez les domaines dans lesquels vos chiffres sont compatibles et ceux où des ajustements peuvent être nécessaires.

2 Journal de réflexion relationnelle : Chaque semaine, écrivez sur les moments où vous avez ressenti une connexion profonde avec vos proches. Notez également les défis rencontrés et comment la compréhension de leurs numéros pourrait vous aider à améliorer la communication.

Affirmations de compatibilité : Créez des affirmations positives pour renforcer les aspects harmonieux de votre relation. Par exemple, pour un couple 3-7 : « Nous trouvons un équilibre entre expression et introspection, entre aventure et réflexion. »

CHAPITRE NEUF

NUMÉROLOGIE ET CARRIÈR

La numérologie peut être un outil précieux pour découvrir votre vocation professionnelle, aligner votre carrière avec vos talents naturels et optimiser votre réussite. En comprenant les chiffres qui influencent votre chemin de vie, votre numéro d'expression, et d'autres aspects de votre profil numérologique, vous pouvez orienter vos choix professionnels de manière plus stratégique et alignée avec votre véritable essence. Ce chapitre explore comment utiliser la numérologie pour identifier votre vocation, élaborer des stratégies de réussite professionnelle, et inclut des exemples pratiques pour vous aider à maximiser votre potentiel.

TROUVER SA VOCATION À L'AIDE DE LA NUMÉROLOGIE

L'un des principaux chiffres à examiner pour déterminer votre vocation est votre **chemin de vie**, car il révèle les talents innés et les leçons que vous êtes venu apprendre. En fonction de ce chiffre, vous pouvez identifier des domaines professionnels qui correspondent à votre essence profonde.

Voici comment chaque chemin de vie peut influencer votre choix de carrière :

1 - Le Leader et Innovateur

Les personnes avec un chemin de vie 1 sont naturellement faites pour des rôles de leadership. Elles s'épanouissent en prenant des initiatives et en dirigeant des projets. Les professions idéales incluent l'entrepreneuriat, la gestion, le marketing, ou tout domaine où l'indépendance et la prise de décision sont cruciales.

2 - Le Diplomate et Médiateur

Les 2 sont faits pour des carrières où l'empathie, la diplomatie et la coopération sont essentielles. Ils excellent dans les rôles de conseil, les ressources humaines, le coaching de vie ou la médiation. Leur capacité à créer l'harmonie les rend également adaptés à des rôles dans le service à la clientèle.

3 - Le Communicateur Créatif

Les individus ayant un chemin de vie 3 prospèrent dans des environnements où la créativité et l'expression personnelle sont valorisées. Ils sont souvent attirés par des carrières dans les arts, le théâtre, la communication, ou le marketing. Le 3 est également adapté aux métiers liés à l'écriture ou à la prise de parole en public.

4 - L'Organisateur et Bâtisseur

Les 4 sont disciplinés, méthodiques et axés sur les détails. Ils réussissent dans des rôles qui nécessitent de la structure, comme l'ingénierie, la comptabilité, la gestion de projet ou les opérations. Ils excellent dans des environnements stables où leur éthique de travail est valorisée.

5 - L'Aventurier et Innovateur

Les 5 ont besoin de diversité et de liberté dans leur travail. Ils s'épanouissent dans des carrières dynamiques, comme les ventes, le journalisme, le tourisme, ou tout rôle qui implique des voyages. Leur capacité à s'adapter rapidement aux changements les rend également excellents dans le domaine des technologies émergentes.

6 - Le Gardien et Conseiller

Les 6 sont orientés vers le service aux autres et la protection. Ils trouvent leur vocation dans des professions liées à la santé, l'éducation, le conseil, ou tout travail centré sur le bien-être des autres. Ils réussissent aussi bien dans les domaines de la décoration intérieure et de la restauration, car ils ont un sens naturel de l'harmonie.

7 - Le Chercheur et Analyste

Les 7 sont introspectifs et aiment explorer des idées profondes. Ils sont attirés par des carrières qui impliquent la recherche, l'analyse, la psychologie, ou la spiritualité. Leur besoin de comprendre le monde à un niveau plus profond les rend parfaits pour des rôles scientifiques ou académiques.

8 - Le Gestionnaire et Stratège

Les 8 sont naturellement orientés vers le succès matériel et le pouvoir. Ils s'épanouissent dans des carrières dans le domaine des affaires, de la finance, de l'immobilier ou de la gestion. Leur esprit stratégique et leur détermination les rendent aptes à des postes de direction.

9 - L'Humanitaire et Altruiste

Les 9 sont motivés par un désir profond d'aider les autres. Ils se sentent appelés à travailler dans des domaines tels que le travail social, les ONG, l'enseignement ou toute carrière qui a un impact social. Leur compassion et leur vision large en font également d'excellents conseillers spirituels.

STRATÉGIES DE RÉUSSITE PROFESSIONNELLE

En plus du chemin de vie, d'autres chiffres de votre profil numérologique peuvent fournir des indices sur la manière d'optimiser votre carrière. Voici comment utiliser certains de ces chiffres pour élaborer des stratégies professionnelles.

- **Numéro d'expression** : Ce chiffre révèle la manière dont vous vous présentez au monde. Utilisez-le pour comprendre vos forces naturelles et comment vous pouvez maximiser votre impact professionnel. Par exemple, un numéro d'expression 3 est idéal pour des rôles qui nécessitent de la créativité et de la communication, tandis qu'un 8 excelle dans des rôles de gestion.

- **Numéro de l'âme** : Ce chiffre vous aide à comprendre vos désirs profonds. Il peut vous guider vers des choix de carrière qui nourrissent votre âme plutôt que de simplement vous offrir un gain matériel. Par exemple, un numéro de l'âme 6 pourrait être attiré par des professions de soin, tandis qu'un 7 préférera des domaines plus introspectifs.

• **Numéro du destin** : Le numéro du destin indique la voie que vous êtes censé suivre pour réaliser votre potentiel. Il peut révéler des opportunités de carrière que vous n'aviez pas envisagées mais qui pourraient être alignées avec votre mission de vie.

EXEMPLES INSPIRANTS D'APPLICATION

Prenons deux exemples fictifs pour illustrer comment la numérologie peut orienter vos choix professionnels :

Étude de cas 1 : David, chemin de vie 8

David a longtemps travaillé comme analyste financier, mais il se sentait insatisfait. En explorant son profil numérologique, il a découvert que son chemin de vie 8 lui donnait une affinité naturelle pour la gestion et la stratégie. Il a alors décidé de se lancer dans l'entrepreneuriat, créant sa propre entreprise de conseil financier. Aujourd'hui, David se sent épanoui car il utilise pleinement ses talents de leader.

Étude de cas 2 : Sophie, chemin de vie 7

Sophie travaillait comme enseignante, mais elle ressentait un profond désir d'explorer davantage sa spiritualité. Après avoir découvert que son chemin de vie était un 7, elle a décidé de se former en tant que thérapeute holistique. Aujourd'hui, elle aide d'autres personnes à se connecter à leur spiritualité, combinant ses passions pour la recherche et la guérison.

EXERCICES PRATIQUES POUR ALIGNER VOTRE CARRIÈRE AVEC VOTRE PROFIL NUMÉROLOGIQUE

1 Journal de carrière : Écrivez sur vos aspirations professionnelles et comparez-les avec les descriptions de votre chemin de vie, de votre numéro d'expression et de votre numéro de l'âme. Notez ce qui résonne le plus avec vous.

2 Visualisation guidée : Prenez quelques minutes chaque matin pour visualiser votre carrière idéale en fonction des chiffres qui influencent votre vie. Imaginez-vous exceller dans un domaine qui vous passionne et qui correspond à votre profil numérologique.

3 Planification stratégique : Utilisez votre année personnelle pour planifier des moments clés de votre carrière. Par exemple, une année personnelle 1 est idéale pour commencer un nouveau projet, tandis qu'une année personnelle 8 favorise la croissance financière et les promotions.

AFFIRMATIONS POUR LA RÉUSSITE PROFESSIONNELLE

Pour vous aider à attirer le succès, voici des affirmations alignées avec chaque chiffre :

- **1** : « J'incarne le leadership et la confiance en moi. »

- **2** : « Je crée des relations harmonieuses et des collaborations fructueuses. »

- **3** : « J'exprime ma créativité et j'attire des opportunités inspirantes. »

- **4** : « Je bâtis une base solide pour un succès durable. »

- **5** : « J'accueille le changement et j'explore de nouvelles voies avec enthousiasme. »

- **6** : « Je sers les autres avec amour et compassion. »

- **7** : « Je cherche la vérité et j'approfondis mes connaissances. »

- **8** : « J'attire l'abondance et j'utilise mon pouvoir avec intégrité. »

9 : « Je sers l'humanité avec compassion et sagesse. »

CHAPITRE DIX

LA SANTÉ SPIRITUELLE

La numérologie ne se limite pas à l'alignement de votre carrière ou de vos relations ; elle peut aussi jouer un rôle essentiel dans votre bien-être spirituel et énergétique. En comprenant les vibrations des chiffres, vous pouvez accéder à des outils puissants pour équilibrer vos énergies, favoriser la guérison et élever votre fréquence vibratoire. Ce chapitre explore comment utiliser la numérologie pour améliorer votre santé spirituelle, ainsi que des techniques pratiques comme la méditation, les affirmations et les exercices d'harmonisation.

GUÉRISON AVEC LES NOMBRES

En numérologie, chaque chiffre émet une vibration qui peut avoir un impact direct sur votre énergie spirituelle. Connaître vos chiffres personnels (chemin de vie, numéro d'expression, numéro de l'âme) vous permet d'identifier les domaines de votre vie où des déséquilibres peuvent survenir. Vous pouvez alors utiliser cette connaissance pour rétablir l'harmonie intérieure.

Voici quelques exemples de comment chaque chiffre peut influencer votre santé spirituelle :

1 - Énergie de renouveau et d'initiative

Le chiffre 1 est associé à l'autonomie, au courage et à la force intérieure. Si vous ressentez un manque d'énergie ou de motivation, vous pouvez vous concentrer sur l'énergie du 1 pour raviver votre enthousiasme. Essayez des affirmations telles que : « J'ai le pouvoir de commencer quelque chose de nouveau chaque jour. »

2 - Équilibre émotionnel et harmonie

Le chiffre 2 aide à équilibrer vos émotions et à favoriser l'harmonie intérieure. Si vous vous sentez stressé ou en proie à des conflits internes, concentrez-vous sur l'énergie du 2 en pratiquant la méditation centrée sur le cœur. Visualisez une lumière douce qui enveloppe votre cœur et répétez : « Je suis en paix avec moi-même et les autres. »

3 - Expression et joie de vivre

Le 3 est une vibration d'expression et de créativité. Lorsque vous vous sentez déprimé ou bloqué, connectez-vous à l'énergie du 3 pour stimuler votre joie intérieure. La danse, le chant ou le dessin sont des activités idéales pour canaliser cette énergie. Une affirmation puissante serait : « Je célèbre la vie avec joie et créativité. »

4 - Stabilité et enracinement

Si vous vous sentez dispersé ou anxieux, le chiffre 4 peut vous aider à vous ancrer. Passez du temps dans la nature, marchez pieds nus sur l'herbe ou pratiquez des postures de yoga qui favorisent l'enracinement. Répétez cette affirmation : « Je suis fermement ancré et stable. »

5 - Liberté et transformation

Le chiffre 5 favorise le changement et la flexibilité. Si vous vous sentez coincé ou résistant au changement, méditez sur l'énergie du 5 pour libérer les anciennes énergies stagnantes. Essayez cette affirmation : « J'accueille le changement comme une opportunité de croissance. »

6 - Guérison et amour inconditionnel

Le 6 est associé à l'amour, à la famille et à la guérison. Lorsque vous vous sentez déconnecté ou seul, connectez-vous à cette énergie en pratiquant la gratitude et l'amour inconditionnel. Laissez-vous envelopper par une lumière dorée et répétez : « J'accueille l'amour et la guérison dans ma vie. »

7 - Introspection et spiritualité

Si vous cherchez à approfondir votre connexion spirituelle, le chiffre 7 peut vous guider. Passez du temps en méditation, en lisant des textes spirituels, ou en vous retirant temporairement du bruit du monde. Une affirmation pour le 7 pourrait être : « Je suis connecté à ma sagesse intérieure. »

8 - Pouvoir personnel et manifestation

Le chiffre 8 est lié à l'abondance et au pouvoir personnel. Si vous manquez de confiance en vous ou de direction, travaillez avec l'énergie du 8 pour renforcer votre sentiment de maîtrise. Visualisez-vous en train de manifester vos désirs et répétez : « J'attire l'abondance et je suis maître de mon destin. »

9 - Compassion et guérison globale

Le 9 vous connecte à une énergie de service et d'amour universel. Si vous vous sentez déconnecté de votre mission ou de votre spiritualité, méditez sur l'énergie du 9 en vous concentrant sur des actes de service désintéressé. Affirmation à utiliser : « Je sers avec amour et compassion. »

MÉDITATION ET NUMÉROLOGIE

La méditation est un excellent moyen d'utiliser les vibrations numériques pour améliorer votre santé spirituelle. Voici une technique simple que vous pouvez pratiquer en fonction de votre chiffre personnel :

1 Asseyez-vous confortablement dans un endroit calme.

2 Fermez les yeux et concentrez-vous sur votre respiration.

3 Visualisez le chiffre correspondant à votre chemin de vie comme une lumière devant vous.

4 Inspirez cette lumière et laissez-la remplir tout votre être.

5 Répétez mentalement une affirmation associée à ce chiffre.

Cette pratique peut être faite quotidiennement pour renforcer votre connexion avec les énergies numérologiques et améliorer votre bien-être général.

TECHNIQUES POUR ÉLEVER VOTRE ÉNERGIE

En plus de la méditation, d'autres techniques peuvent être utilisées pour élever votre vibration et améliorer votre santé spirituelle :

• **Bains purificateurs** : Ajoutez du sel marin et des huiles essentielles associées à votre chiffre personnel dans votre bain pour purifier votre aura. Par exemple, le chiffre 4 bénéficie des huiles de cèdre pour l'enracinement, tandis que le 5 résonne avec la menthe poivrée pour la clarté mentale.

• **Cristaux et pierres** : Les cristaux peuvent amplifier les vibrations associées à vos chiffres. Par exemple, l'améthyste (pour le 7) favorise l'introspection, tandis que la citrine (pour le 8) attire l'abondance.

• **Écriture intuitive** : Prenez quelques minutes chaque jour pour écrire sans réfléchir, en vous connectant à votre chiffre personnel. Demandez-vous : « Qu'est-ce que ce chiffre veut me dire aujourd'hui ? » Laissez les mots venir librement.

• **Respiration rythmée** : Utilisez la respiration pour vous aligner avec votre chiffre. Par exemple, pour le chiffre 6, essayez une respiration en six temps (inspiration sur 6 temps, rétention sur 6 temps, expiration sur 6 temps) pour harmoniser votre cœur.

EXERCICES PRATIQUES POUR HARMONISER VOTRE ÉNERGIE

Voici quelques exercices simples que vous pouvez pratiquer pour améliorer votre santé spirituelle en utilisant les vibrations des chiffres.

1 Journal des vibrations : Notez chaque jour le chiffre personnel de la journée (basé sur votre année et mois personnels) et observez comment il influence votre énergie. Notez les moments où vous vous êtes senti en alignement ou en désaccord avec cette vibration.

2 Affirmations quotidiennes : Créez une série d'affirmations alignées avec votre chiffre personnel. Par exemple, si vous êtes en année personnelle 7, concentrez-vous sur des affirmations liées à la sagesse intérieure et à l'introspection.

3 Équilibre énergétique par le mouvement : Adaptez votre activité physique en fonction de votre chiffre. Les chemins de vie 1 et 5 bénéficient d'activités dynamiques comme le running, tandis que les 2 et 6 préfèrent des pratiques douces comme le yoga ou le tai-chi.

EXEMPLES DE GUÉRISON SPIRITUELLE AVEC LA NUMÉROLOGIE

Prenons le cas fictif de Clara, dont le chemin de vie est 3. Après avoir traversé une période de dépression, elle a utilisé l'énergie du chiffre 3 pour retrouver sa joie intérieure. Elle s'est inscrite à un cours de peinture, a commencé à écrire un journal quotidien et a utilisé des affirmations comme : « J'exprime ma créativité librement et avec joie. » En quelques mois, Clara a retrouvé sa passion pour la vie.

Un autre exemple est celui de Lucas, chemin de vie 8, qui ressentait un manque de direction professionnelle. En se concentrant sur l'énergie du 8, il a commencé à visualiser ses objectifs financiers et à pratiquer des affirmations d'abondance. Cela lui a permis de décrocher une promotion qui a transformé sa carrière.

CHAPITRE ONZE

LES ANGES GARDIENS

Les anges gardiens utilisent souvent les chiffres pour nous envoyer des messages et des signes de guidance. Ces nombres angéliques, vus de manière répétée dans notre quotidien, sont porteurs de significations profondes, et ils peuvent nous guider sur le chemin de notre évolution personnelle et spirituelle. En comprenant les messages cachés derrière ces nombres, vous pouvez établir une connexion plus intime avec vos anges gardiens et recevoir des conseils précieux pour orienter vos décisions. Ce chapitre explore la signification des nombres angéliques, comment les interpréter, et des exemples concrets pour les utiliser dans votre vie quotidienne.

COMPRENDRE LES MESSAGES ANGÉLIQUES

Les anges communiquent avec nous par le biais de synchronicités, notamment par des chiffres qui se répètent dans notre environnement. Vous avez peut-être déjà remarqué des séquences numériques comme **111**, **222**, ou **444** apparaître à plusieurs reprises dans votre vie — sur une horloge, une plaque d'immatriculation ou même dans un numéro de téléphone. Ces séquences ne sont pas de simples coïncidences ; elles portent des messages spécifiques.

Voici une interprétation des séquences numériques les plus courantes :

111 - Alignement et nouveaux commencements

Lorsque vous voyez le nombre **111**, c'est un signe que vous êtes en alignement avec le flux universel. Ce nombre vous encourage à surveiller vos pensées, car elles sont sur le point de se manifester. Si vous travaillez sur un projet ou envisagez un changement de vie, c'est le moment idéal pour aller de l'avant.

222 - Équilibre et coopération

Le chiffre **222** est un rappel que vous devez faire confiance au processus. Il vous invite à rester patient et à maintenir votre foi, car des choses positives se préparent en coulisses. C'est aussi un signe que vous devez chercher l'équilibre dans vos relations et travailler en harmonie avec les autres.

333 - Soutien divin et créativité

Lorsque vous voyez **333**, sachez que vos anges vous soutiennent pleinement. Ils vous encouragent à exprimer vos talents créatifs et à partager votre lumière avec le monde. Ce nombre vous rappelle que vous n'êtes jamais seul et que vous avez des guides qui vous entourent.

444 - Stabilité et protection

Le **444** est un signe que vous êtes entouré d'une protection angélique. Vos anges veillent sur vous et vous offrent leur soutien inconditionnel. Ce chiffre apparaît souvent lorsque vous avez besoin de renforcement ou de guidance pour rester ancré.

555 - Changement imminent et transformation

Le **555** annonce un changement important qui se prépare. Il vous encourage à embrasser ces transformations sans crainte, car elles sont en accord avec votre destinée. Vos anges vous invitent à laisser derrière vous ce qui ne vous sert plus pour faire place au renouveau.

666 - Réalignement et introspection

Contrairement à sa connotation négative, le **666** en numérologie angélique est un appel à réévaluer vos priorités. Ce nombre vous invite à vous recentrer sur l'équilibre spirituel et à éviter de vous concentrer uniquement sur le matériel.

777 - Connexion spirituelle et miracles

Le **777** est un signe puissant que vous êtes en phase avec le divin. Vos efforts spirituels sont reconnus, et des miracles sont en route. Ce chiffre indique que vous êtes sur le bon chemin et que vous devez continuer à suivre votre intuition.

888 - Abondance et réussite

Le **888** est un symbole d'abondance matérielle et spirituelle. Vos anges vous signalent que la prospérité est en chemin. Ce chiffre est souvent un signe que vous allez récolter les fruits de vos efforts passés.

999 - Achèvement et nouveaux départs

Le **999** symbolise la fin d'un cycle et le début d'un autre. C'est un signe que vous devez libérer ce qui appartient au passé pour faire place à de nouvelles opportunités. Ce chiffre est souvent associé à une mission de vie ou à une transformation spirituelle.

UTILISER LES NOMBRES POUR LA GUIDANCE

Il existe plusieurs manières d'interpréter les messages numériques et de les intégrer dans votre vie :

1 Prenez note des synchronicités : Lorsque vous remarquez un chiffre répétitif, notez-le dans un journal avec la date et les circonstances. Cela vous aidera à identifier des schémas et des messages récurrents.

2 Méditez sur le chiffre : Asseyez-vous en silence, fermez les yeux et concentrez-vous sur le chiffre que vous voyez. Demandez à vos anges : « Que souhaitez-vous que je comprenne ? » Laissez votre intuition vous guider vers la signification du message.

3 Affirmations angéliques : Utilisez des affirmations alignées avec les messages de vos anges. Par exemple, si vous voyez **444**, répétez : « Je suis soutenu et protégé par mes anges gardiens. »

4 Cartes de guidance angélique : Si vous avez des cartes de guidance angélique, utilisez-les pour approfondir la signification des chiffres que vous voyez. Ces cartes peuvent vous offrir des précisions sur le message que vos anges essaient de vous transmettre.

EXEMPLES DE SYNCHRONICITÉS

Étude de cas 1 : Claire et le chiffre 555

Claire traversait une période difficile dans sa carrière, ressentant l'envie de tout changer. Pendant plusieurs jours, elle a commencé à voir le nombre **555** partout. Elle a finalement compris que ses anges lui signalaient qu'il était temps d'embrasser le changement. Peu après, elle a décidé de quitter son emploi pour lancer son propre projet, qui s'est révélé être un grand succès.

Étude de cas 2 : Julien et le chiffre 222

Julien, en pleine crise de couple, voyait souvent le **222**. En explorant la signification de ce nombre, il a réalisé qu'il devait faire preuve de patience et de compréhension envers son partenaire. En suivant ce conseil angélique, il a pu rétablir l'harmonie dans sa relation.

EXERCICES PRATIQUES POUR SE CONNECTER AVEC VOS ANGES GARDIENS

1 Journal des anges : Chaque matin, demandez à vos anges de vous envoyer des signes au cours de la journée. Notez tous les chiffres que vous voyez et ce que vous ressentez en les voyant.

2 Méditation de connexion angélique : Asseyez-vous confortablement, fermez les yeux, et visualisez une lumière dorée vous enveloppant. Demandez à vos anges de vous révéler un chiffre qui a une signification pour vous aujourd'hui. Restez ouvert à toute intuition qui se présente.

3 Affirmations guidées : Utilisez des affirmations pour renforcer votre connexion avec vos anges. Par exemple : « Je suis ouvert(e) à recevoir les messages de mes anges et à les intégrer dans ma vie. »

EXEMPLE D'UTILISATION DANS LA VIE QUOTIDIENNE

Prenons le cas fictif de Sophie, qui voyait souvent le chiffre **888** après avoir lancé sa nouvelle entreprise. Elle se sentait incertaine quant à sa décision, mais après avoir compris que **888** signifiait prospérité et réussite, elle a décidé de persévérer avec confiance. En moins d'un an, son entreprise a atteint une croissance qu'elle n'aurait jamais imaginée.

Un autre exemple est celui de Lucas, qui voyait le **777** alors qu'il se demandait s'il devait changer de voie professionnelle. En interprétant ce chiffre comme un signe qu'il était sur le bon chemin, il a choisi de poursuivre sa passion pour le coaching spirituel. Cette décision s'est avérée être la meilleure qu'il ait jamais prise.

CHAPITRE DOUZE

NUMÉROLOGIE ET FINANCE

La numérologie n'est pas seulement un outil pour explorer votre personnalité ou améliorer vos relations ; elle peut également jouer un rôle significatif dans la gestion de vos finances et l'attraction de la prospérité. Chaque chiffre porte une vibration particulière qui peut vous aider à mieux comprendre votre relation avec l'argent, à attirer l'abondance, et à prendre des décisions financières éclairées. Dans ce chapitre, nous explorerons comment utiliser la numérologie pour optimiser vos finances, les stratégies d'investissement basées sur vos chiffres personnels, et des exemples pratiques pour améliorer votre prospérité.

ATTIRER LA PROSPÉRITÉ AVEC LES CHIFFRES

L'un des premiers aspects à considérer pour optimiser vos finances avec la numérologie est votre **chemin de vie**, car il révèle vos talents naturels et la manière dont vous pouvez attirer l'abondance. Mais d'autres chiffres, comme votre **numéro d'expression**, **numéro de l'âme** et **numéro du destin**, influencent également votre relation avec l'argent.

Voici un guide sur la manière dont chaque chiffre peut affecter vos finances :

1 - Leadership et initiative

Le chiffre 1 est associé à l'indépendance et au leadership. Les personnes ayant ce chiffre dans leur profil sont souvent attirées par l'entrepreneuriat ou des projets autonomes qui leur permettent de contrôler leurs revenus. Pour attirer l'abondance, concentrez-vous sur des investissements ou des activités où vous pouvez être un leader, comme lancer une entreprise ou investir dans des actions prometteuses.

2 - Coopération et partenariat

Le 2 prospère dans des environnements où la coopération est essentielle. Pour améliorer vos finances, envisagez des partenariats ou des investissements collaboratifs. Les personnes avec ce chiffre ont un don pour établir des alliances solides, ce qui peut être un atout précieux dans des domaines comme l'immobilier ou les entreprises à plusieurs associés.

3 - Créativité et expression

Les individus influencés par le chiffre 3 attirent l'abondance en utilisant leur créativité. Vous pourriez réussir dans des activités liées à l'art, aux médias ou au marketing. En termes d'investissement, explorez des secteurs créatifs tels que les start-ups technologiques ou les marques émergentes.

4 - Stabilité et discipline

Le 4 est synonyme de stabilité financière et de sécurité à long terme. Les personnes avec ce chiffre réussissent dans des investissements à faible risque comme l'immobilier, les obligations ou les plans d'épargne. La clé pour eux est la patience et la discipline ; ils devraient éviter les spéculations risquées.

5 - Changement et opportunités

Les personnes influencées par le 5 s'épanouissent dans des environnements financiers dynamiques. Si vous avez ce chiffre, vous pourriez être attiré par des investissements à haut risque mais potentiellement lucratifs, comme le trading ou les cryptomonnaies. Toutefois, il est essentiel d'apprendre à gérer l'impulsivité pour éviter des pertes.

6 - Service et responsabilité

Le 6 attire l'abondance en se concentrant sur le service aux autres. Les investissements liés à la santé, l'éducation ou le bien-être sont souvent fructueux pour ceux qui ont ce chiffre. Ils prospèrent également dans des environnements où la stabilité et la responsabilité financière sont valorisées.

7 - Analyse et recherche

Le 7 est un chiffre introspectif et analytique. Les personnes ayant ce chiffre réussissent mieux dans des domaines financiers nécessitant une recherche approfondie, comme l'analyse de marché, la finance quantitative ou les investissements à long terme dans des technologies émergentes. La patience est leur atout principal.

8 - Pouvoir et succès matériel

Le chiffre 8 est le plus associé à l'abondance et à la réussite matérielle. Ceux qui ont un 8 dans leur profil numérologique sont faits pour des rôles de gestion, de leadership ou d'investissements à grande échelle, comme le capital-risque ou le marché boursier. Ils doivent cependant faire attention à ne pas devenir trop obsédés par le gain financier au détriment de leurs valeurs.

9 - Altruisme et générosité

Les personnes influencées par le 9 sont attirées par des investissements qui ont un impact social. Elles réussissent en alignant leurs décisions financières avec leurs valeurs, comme investir dans des entreprises éthiques ou des fonds socialement responsables. L'abondance vient pour elles lorsqu'elles trouvent un équilibre entre leur désir d'aider les autres et leurs objectifs financiers.

STRATÉGIES D'INVESTISSEMENT BASÉES SUR VOTRE ANNÉE PERSONNELLE

Votre **année personnelle** peut également influencer la manière dont vous gérez vos finances chaque année. En comprenant le cycle dans lequel vous vous trouvez, vous pouvez adapter vos stratégies d'investissement pour maximiser vos chances de succès.

Année personnelle 1

C'est le moment idéal pour prendre des initiatives audacieuses. Si vous avez envisagé de lancer un nouveau projet, c'est l'année pour le faire. Investir dans des secteurs émergents ou démarrer une nouvelle entreprise pourrait être particulièrement fructueux.

Année personnelle 2

Une année d'harmonie et de coopération. C'est le moment de renforcer vos partenariats financiers, que ce soit en investissant avec d'autres ou en collaborant sur des projets communs. Évitez les décisions impulsives et privilégiez la patience.

Année personnelle 3

Une année de créativité et d'expansion. Investissez dans des projets créatifs ou dans des domaines qui favorisent la croissance. C'est aussi un bon moment pour explorer de nouvelles sources de revenus basées sur vos talents artistiques ou vos passions.

Année personnelle 4

Concentrez-vous sur la stabilité et la sécurité. Cette année est idéale pour des investissements à long terme, comme l'immobilier ou les fonds d'investissement à faible risque. Évitez les spéculations et concentrez-vous sur le renforcement de vos bases financières.

Année personnelle 5

Une année de changement et de mouvement rapide. C'est le moment de prendre des risques calculés, mais soyez vigilant. Si vous vous sentez inspiré par des opportunités à court terme, comme le trading, faites-le de manière stratégique.

Année personnelle 6

Mettez l'accent sur la sécurité et la responsabilité. C'est une période favorable pour des investissements dans des secteurs liés à la famille, la santé ou le bien-être. Pensez également à revoir vos assurances et à planifier pour l'avenir.

Année personnelle 7

Une année d'introspection et d'analyse. Prenez le temps d'évaluer vos finances et d'analyser vos investissements. C'est un excellent moment pour apprendre de nouvelles compétences en gestion financière ou pour planifier à long terme.

Année personnelle 8

L'année 8 est celle du pouvoir et de la réussite financière. Si vous avez des projets ambitieux, c'est le moment de les concrétiser. Les investissements à grande échelle, les promotions professionnelles et l'expansion de vos affaires sont favorisés.

Année personnelle 9

C'est une année de clôture et de transition. Vous pourriez ressentir le besoin de réévaluer vos finances, de vendre des actifs ou de faire des dons à des causes qui vous tiennent à cœur. C'est aussi le moment de préparer le terrain pour un nouveau cycle.

CAS PRATIQUES

Étude de cas 1 : Pierre, chemin de vie 4 et année personnelle 1

Pierre a un chemin de vie 4, ce qui le pousse à rechercher la stabilité. Lorsqu'il est entré dans une année personnelle 1, il a décidé de prendre un risque calculé en investissant dans un petit immeuble locatif. Grâce à sa planification méthodique, cet investissement s'est révélé très rentable.

Étude de cas 2 : Laura, chemin de vie 7 et année personnelle 8

Laura, avec un chemin de vie 7, a toujours été prudente avec ses finances. En entrant dans une année personnelle 8, elle a senti que c'était le bon moment pour investir dans des actions à dividendes. Après une analyse approfondie, elle a sélectionné quelques entreprises solides, ce qui a considérablement accru ses revenus passifs.

EXERCICES PRATIQUES POUR AMÉLIORER VOS FINANCES AVEC LA NUMÉROLOGIE

1 Planification financière basée sur votre année personnelle : À chaque début d'année, identifiez votre année personnelle et ajustez vos objectifs financiers en conséquence. Si vous êtes en année 3, par exemple, explorez de nouvelles sources de revenus créatives.

2 Affirmations d'abondance : Utilisez des affirmations alignées avec votre chiffre personnel. Par exemple, si vous avez un chemin de vie 8, répétez : « J'attire l'abondance et je manifeste la réussite financière avec intégrité. »

Journal de prospérité : Notez chaque semaine vos réussites financières, même petites, pour attirer davantage d'abondance dans votre vie.

CHAPITRE TREIZE

EXERCICES PRATIQUES

Pour que la numérologie devienne un véritable outil de transformation dans votre vie quotidienne, il est essentiel de mettre en pratique les concepts que vous avez appris tout au long de ce livre. Dans ce chapitre, vous trouverez une série d'exercices pratiques conçus pour vous aider à appliquer la numérologie de manière concrète, que ce soit pour mieux comprendre votre chemin de vie, harmoniser vos relations, améliorer vos finances, ou encore élever votre vibration spirituelle. Ces exercices sont organisés en différentes sections pour vous guider pas à pas vers une meilleure compréhension de vous-même et un alignement avec votre mission de vie.

JOURNAL DE NUMÉROLOGIE POUR SUIVRE VOS PROGRÈS

L'un des moyens les plus efficaces d'intégrer la numérologie dans votre vie est de tenir un **journal de numérologie**. Cela vous permet de suivre vos progrès, d'analyser vos cycles personnels et de repérer des schémas récurrents.

Comment démarrer :

1 Procurez-vous un carnet dédié uniquement à vos réflexions numérologiques.

2 Notez votre chemin de vie, numéro d'expression, numéro de l'âme, et autres chiffres importants que vous avez calculés.

3 Au début de chaque mois, calculez votre mois personnel et écrivez ce que vous espérez accomplir en fonction des énergies du cycle.

4 À la fin de chaque mois, prenez le temps de relire vos notes et réfléchissez aux événements marquants qui se sont produits.

Questions à inclure dans votre journal :

• Quelles opportunités se sont présentées ce mois-ci en lien avec mon année ou mois personnel ?

• Quels défis ai-je rencontrés et comment les ai-je surmontés ?

• Quels chiffres se sont manifestés de manière répétitive dans ma vie récemment ?

RITUELS QUOTIDIENS POUR ALIGNER VOS ÉNERGIES

Pour renforcer votre connexion avec les vibrations numérologiques, vous pouvez intégrer des **rituels quotidiens** dans votre routine. Ces pratiques vous aideront à harmoniser votre énergie avec les chiffres qui influencent votre vie.

Rituel du matin : Méditation avec votre chiffre personnel

1 Asseyez-vous dans un endroit calme et fermez les yeux.

2 Concentrez-vous sur votre respiration et imaginez votre chiffre personnel (chemin de vie, numéro d'expression, etc.) comme une lumière brillante.

3 Inspirez en visualisant cette lumière entrer dans votre corps, apportant avec elle des qualités comme la confiance (1), la paix (2), ou la créativité (3).

4 Expirez en libérant toute énergie stagnante ou négative.

Rituel du soir : Gratitude et numérologie

1 Avant de vous coucher, prenez quelques minutes pour écrire trois choses pour lesquelles vous êtes reconnaissant.

2 Essayez d'identifier si certains événements ou rencontres sont en lien avec les vibrations de votre mois ou année personnelle.

3 Terminez par une affirmation alignée avec le chiffre de votre journée. Par exemple : « Aujourd'hui, en mois personnel 6, j'ai cultivé l'amour et la bienveillance. »

CHECK-LIST POUR INTÉGRER LA NUMÉROLOGIE DANS VOTRE QUOTIDIEN

Pour vous aider à rester aligné avec les enseignements de la numérologie, voici une **check-list** à consulter régulièrement :

1 Chemin de vie : Est-ce que mes actions actuelles s'alignent avec ma mission de vie ?

2 Année personnelle : Suis-je en train de maximiser les énergies de mon année personnelle ?

3 Relations : Est-ce que je comprends les vibrations des chiffres des personnes qui m'entourent ?

4 Carrière : Suis-je en phase avec mon numéro d'expression et ma destinée professionnelle ?

5 Santé spirituelle : Est-ce que je prends du temps pour méditer sur mes chiffres personnels ?

6 Prospérité : Est-ce que je fais des choix financiers alignés avec mon chiffre de prospérité ?

EXERCICES DE VISUALISATION POUR MANIFESTER VOS DÉSIRS

Les exercices de visualisation sont des outils puissants pour aligner votre subconscient avec les vibrations des chiffres que vous souhaitez manifester.

Exercice de visualisation : Activer l'énergie de votre chemin de vie

1 Asseyez-vous dans un endroit confortable, fermez les yeux et détendez-vous.

2 Imaginez un écran blanc devant vous.

3 Visualisez votre chemin de vie apparaissant sur cet écran sous forme de chiffres lumineux.

4 Par exemple, si votre chemin de vie est 5, imaginez des scènes où vous embrassez des changements, explorez de nouveaux horizons, et vivez des aventures passionnantes.

5 Sentez l'énergie de ce chiffre vous remplir et vous inspirer. Faites cela pendant 5 à 10 minutes chaque jour.

Affirmations pour manifester l'abondance financière avec le chiffre 8

• « J'attire l'abondance dans ma vie avec facilité. »

• « Je mérite le succès matériel et spirituel. »

• « Chaque jour, je fais des choix financiers alignés avec ma mission. »

EXERCICES D'ALIGNEMENT POUR CHAQUE CHIFFRE

Les exercices suivants sont conçus pour vous aider à exploiter pleinement les vibrations des chiffres clés dans votre profil.

1 - Affirmation de leadership

• « Je prends l'initiative avec confiance et courage. »

• Exercice : Établissez un objectif hebdomadaire qui vous pousse à sortir de votre zone de confort.

2 - Équilibre et coopération

• « Je crée des relations harmonieuses et équilibrées. »

• Exercice : Passez une journée à pratiquer l'écoute active sans interruption.

3 - Créativité et expression

• « J'exprime mes talents avec joie et liberté. »

• Exercice : Prenez 30 minutes pour écrire, peindre, ou pratiquer une activité artistique.

4 - Stabilité et enracinement

• « Je construis des fondations solides pour l'avenir. »

- Exercice : Organisez un espace de travail ou une pièce chez vous pour améliorer la productivité.

5 - Flexibilité et aventure

- « J'accueille le changement avec enthousiasme et ouverture. »
- Exercice : Essayez une nouvelle activité ou explorez un endroit que vous n'avez jamais visité.

6 - Amour et service

- « Je partage mon amour et ma bienveillance avec les autres. »
- Exercice : Passez du temps à aider un proche ou faites du bénévolat.

7 - Introspection et sagesse

- « Je me connecte à ma sagesse intérieure pour trouver des réponses. »
- Exercice : Pratiquez une méditation silencieuse pendant 20 minutes chaque matin.

8 - Pouvoir et abondance

- « J'attire le succès et l'abondance dans ma vie. »
- Exercice : Rédigez un plan d'action pour améliorer vos finances ou vos objectifs professionnels.

9 - Compassion et service universel

- « Je sers l'humanité avec compassion et générosité. »
- Exercice : Faites un don ou engagez-vous dans une activité qui soutient une cause qui vous tient à cœur.

PLANIFICATION DE VOS CYCLES PERSONNELS POUR L'ANNÉE À VENIR

Pour maximiser les avantages de la numérologie, il est essentiel de planifier vos activités en fonction de vos cycles personnels. Voici comment procéder :

1 Identifiez votre année personnelle pour l'année à venir.

2 Divisez l'année en trimestres et calculez votre mois personnel pour chaque trimestre.

3 Notez dans votre agenda les périodes optimales pour initier des projets (année personnelle 1), renforcer des relations (année personnelle 2), ou vous concentrer sur la réflexion intérieure (année personnelle 7).

4 Prévoyez des pauses pendant les mois personnels 9 pour vous reposer et faire le point avant de commencer un nouveau cycle.

AFFIRMATIONS POUR CHAQUE CYCLE PERSONNEL

Année personnelle 1 : « J'accueille les nouveaux commencements avec confiance. »

Année personnelle 2 : « Je crée des relations harmonieuses et épanouissantes. »

Année personnelle 3 : « J'exprime ma créativité et partage ma lumière. »

Année personnelle 4 : « Je construis des bases solides pour l'avenir. »

Année personnelle 5 : « J'embrasse le changement et les nouvelles opportunités. »

Année personnelle 6 : « J'équilibre ma vie avec amour et responsabilité. »

Année personnelle 7 : « Je me connecte à ma sagesse intérieure. »

Année personnelle 8 : « J'attire l'abondance et le succès. »

Année personnelle 9 : « Je laisse aller le passé et me prépare pour un nouveau cycle. »

CONCLUSION ET PROCHAINES ÉTAPES

RÉFLEXIONS FINALES SUR VOTRE PARCOURS NUMÉROLOGIQUE

Au fil des chapitres de ce livre, nous avons exploré ensemble les vastes possibilités que la numérologie peut offrir pour comprendre et transformer votre vie. Vous avez découvert comment les chiffres influencent non seulement votre personnalité, vos relations et votre carrière, mais aussi votre bien-être spirituel et votre prospérité financière. En apprenant à utiliser ces outils, vous avez désormais entre vos mains un guide puissant pour naviguer dans les différentes phases de votre existence.

L'essence de la numérologie repose sur une idée simple mais profonde : chaque nombre porte une vibration unique, et en vous alignant avec cette énergie, vous pouvez vivre une vie plus épanouissante et alignée avec votre mission de vie. Cependant, ce n'est que le début du voyage. La vraie transformation commence lorsque vous intégrez ces enseignements dans votre quotidien.

RESSOURCES SUPPLÉMENTAIRES POUR APPROFONDIR

Si vous êtes prêt(e) à aller plus loin dans votre exploration numérologique, voici quelques suggestions pour approfondir vos connaissances :

1 Lectures recommandées : Investissez dans des livres de numérologie avancée qui explorent des concepts comme les cycles karmiques, les nombres maîtres et les vibrations cachées des nombres au-delà du 9.

2 Formations et cours en ligne : Recherchez des programmes certifiés pour approfondir votre compréhension de la numérologie. Certaines plateformes en ligne proposent des cours avec des experts reconnus dans le domaine.

3 Consultation avec un numérologue : Si vous souhaitez des conseils plus personnalisés, envisagez de consulter un numérologue professionnel. Il pourra vous fournir des analyses détaillées de votre profil numérologique et des prévisions pour l'avenir.

4 Applications mobiles et logiciels : Utilisez des outils technologiques pour calculer rapidement vos chiffres personnels, suivre vos cycles annuels et mensuels, et même analyser vos relations.

INVITATION À APPROFONDIR VOS CONNAISSANCES

Votre parcours numérologique ne s'arrête pas ici. Utiliser la numérologie ne consiste pas seulement à calculer des chiffres ; il s'agit d'apprendre à écouter l'énergie qui vous entoure et à vous aligner sur votre véritable potentiel. Chaque jour, chaque décision que vous prenez peut être influencée positivement en utilisant les enseignements de la numérologie.

Pour continuer à explorer cette discipline, voici quelques exercices à faire pour maintenir votre connexion avec les chiffres :

- **Révision annuelle** : À chaque début d'année, refaites le calcul de votre année personnelle. Notez vos objectifs en fonction de l'énergie de cette année et ajustez vos projets pour maximiser les opportunités qui se présenteront à vous.

- **Alignement mensuel** : Avant le début de chaque mois, calculez votre mois personnel et réfléchissez à la manière dont vous pouvez aligner vos activités en fonction des vibrations du mois. Par exemple, un mois personnel 4 est parfait pour organiser votre espace de vie, tandis qu'un mois personnel 5 peut être propice aux voyages.

- **Méditation de clôture de cycle** : À la fin d'un cycle personnel (comme une année personnelle 9), prenez le temps de faire une méditation pour relâcher ce qui ne vous sert plus et vous préparer à un nouveau départ.

EXPÉRIENCES PARTAGÉES : TÉMOIGNAGES D'AUTRES EXPLORATEURS NUMÉROLOGIQUES

Voici quelques témoignages fictifs de personnes ayant appliqué la numérologie dans leur vie, pour vous inspirer à poursuivre ce voyage :

Anne-Marie, chemin de vie 2

« La numérologie m'a aidée à comprendre mes besoins relationnels et à améliorer ma communication avec mon partenaire. J'ai appris à utiliser mon chemin de vie pour renforcer la confiance et l'harmonie dans notre relation. »

Thomas, année personnelle 7

« Lorsque j'ai découvert que j'étais en année personnelle 7, j'ai compris pourquoi j'avais ce besoin soudain de me retirer du monde et de me concentrer sur mon développement spirituel. Cela m'a donné la permission de prendre du temps pour moi sans culpabiliser. »

Sophie, numéro d'expression 3

« En apprenant que mon numéro d'expression est 3, j'ai réalisé que ma véritable passion réside dans la communication et l'expression créative. J'ai alors décidé de lancer un blog pour partager mes réflexions, et cela a transformé ma vie. »

PRÉPARER VOTRE PROPRE JOURNAL NUMÉROLOGIQUE

Un excellent moyen de poursuivre votre apprentissage est de tenir un **journal de numérologie**, où vous pouvez consigner vos découvertes, vos réflexions et vos expériences en lien avec les chiffres. Voici quelques conseils pour démarrer :

- **Notez vos calculs** pour chaque nouveau cycle (année personnelle, mois personnel, etc.) et les changements que vous remarquez dans votre vie.

- **Suivez vos synchronicités** : Chaque fois que vous voyez un nombre répété, notez-le et réfléchissez à ce qu'il pourrait signifier pour vous.

- **Récapitulatif trimestriel** : À chaque trimestre, relisez vos notes pour identifier des schémas ou des thèmes récurrents.

EXERCICES POUR ALLER PLUS LOIN

Voici quelques exercices à essayer dès maintenant pour ancrer les connaissances acquises tout au long de ce livre :

1 Calculer les chiffres pour vos proches : Appliquez les calculs que vous avez appris pour analyser les chemins de vie, les nombres d'expression et les numéros d'âme de vos proches. Cela peut vous aider à mieux comprendre leurs besoins et motivations.

2 Créer un tableau de vision numérologique : Sur un tableau d'affichage, notez vos objectifs personnels et professionnels pour l'année à venir en fonction de vos chiffres personnels. Utilisez des images et des mots-clés pour renforcer vos intentions.

3 Planifier des objectifs financiers alignés : Utilisez vos chiffres pour définir des objectifs financiers réalistes en fonction des énergies de votre année personnelle.

Milton Keynes UK
Ingram Content Group UK Ltd.
UKHW032048231124
451423UK00013B/1224